W0310396

Bertram Stubenrauch

Warum Christsein klug ist

Orientierung am Apostolischen Glaubensbekenntnis

SCHNELL + STEINER

ave maria gratia plena

Zu diesem Buch

Mit der aktuellen Lage des kirchlich geprägten Christentums hat es in unseren Breiten eine recht ernüchternde Bewandtnis, kurz gesagt: Das Interesse schwindet, die Distanz wächst. Doch viele wissen nur vom Hörensagen, was sie ablehnen – und tun es bemerkenswert selbstsicher. Ahnungslosigkeit mit erhobenem Haupt. Es fühlt sich gut an und ist »in«.

Dabei klopfen auch andere Religionen an die Fenster und Türen unserer Gesellschaft, und zwar durchaus mit Nachdruck. Stört das die bürgerliche Selbstgefälligkeit?

Ernst genommene Religion stört tatsächlich. Sie stört auf. Ob sie verstört, hängt davon ab, wie weit sie sich dem intellektuellen Standard der Zeit öffnet. Hier hat sich das Christentum nur selten widerspenstig gezeigt. Zwar kennt der Glaube andere Gewissheiten als der Alltagsverstand, und womöglich setzt er mehr Intuition als analytischen Scharfsinn voraus. Aber er hat eine innere Stimmigkeit und kann dementsprechend kommuniziert werden.

Dazu möchte dieses Buch einen Beitrag leisten. Es wendet sich gegen die Tendenz, den christlichen Glauben als denkerische Bagatelle abzutun. Auch gegen seine Banalisierung bezieht es Stellung, wie sie mitunter in der Seelsorge zu beobachten ist. Neunmalklug möchte es nicht sein; aber kritisch in mancherlei Hinsicht und auf diese Weise einladend.

Die Überlegungen tasten sich am sogenannten *Apostolischen Glaubensbekenntnis* entlang, das seit vielen Jahrhunderten Christusgläubige auf ihrem Weg begleitet. Sein Gedankengut wird mit Hilfe eines Dreischritts aufbereitet: Einwände oder Vorurteile – die ein Stimmungsbild zeigen – leiten zum jeweiligen Kommentarteil über. Ihn beschließt ein kurzes, aber pointiertes Thesentableau, das zur Diskussion anregen will. Die wichtigsten Aussagen des Buches finden sich in einem Anhang tabellarisch zusammengefasst.

Anspruch auf Vollständigkeit wird nicht erhoben. Aber wenn sich praktizierende Christinnen und Christen bestärkt fühlen, oder wenn bei Menschen, denen der christliche Glaube zwielichtig vorkommt, Interesse geweckt wird, ist viel gewonnen.

München, im Herbst 2016
Bertram Stubenrauch

Das Apostolische Glaubensbekenntnis

Ich glaube (lateinisch: Credo)
an Gott, den Vater, den Allmächtigen, den Schöpfer des Himmels
und der Erde.

Und an Jesus Christus, seinen eingeborenen Sohn, unsern Herrn,
empfangen durch den Heiligen Geist, geboren von der Jungfrau Maria,
gelitten unter Pontius Pilatus, gekreuzigt, gestorben und begraben,
hinabgestiegen in das Reich des Todes,
am dritten Tage auferstanden von den Toten,
aufgefahren in den Himmel;
er sitzt zur Rechten Gottes, des allmächtigen Vaters;
von dort wird er kommen zu richten die Lebenden und die Toten.

Ich glaube
an den Heiligen Geist,
die heilige katholische (christliche) Kirche,
Gemeinschaft der Heiligen,
Vergebung der Sünden,
Auferstehung der Toten und das ewige Leben.

Amen

Ich glaube an …

Gott, den Vater, den Allmächtigen, den Schöpfer des Himmels und der Erde

Ich glaube an Gott,
den Vater, den Allmächtigen,
den Schöpfer des
Himmels und der Erde

Glaubensnot

Zu glauben, das ist eine große Herausforderung: Bedeutet es, nichts zu wissen oder auf Abwegiges, Illusionäres zu setzen? Und verliere ich, wenn ich glaube, meine persönliche Freiheit? Werde ich auf Gedeih und Verderb einer engstirnigen Religionsbehörde ausgeliefert, die mich bevormundet, reglementiert und überwacht? Wenn schon, dann mache ich mir meinen Glauben selbst! Auf weniger Vorbehalte stößt das Wort *Spiritualität*, und auch für religiös halten sich viele: Ich gehe nicht in die Kirche und mich stören Dogmen, aber ich bin offen für das Geheimnis in der Natur und in mir selbst, und ich bin tolerant. Soll doch jeder »nach seiner Façon selig werden« (Friedrich der Große).

Schule des Vertrauens

Das Spirituelle – unbestimmt Religiöse – hat, zugegeben, eine hohe Attraktivität. Man könnte von einer unmittelbaren, tief persönlichen Erfahrung sprechen. Zum Beispiel von dem Gefühl, in einem größeren Ganzen geborgen zu sein. Oder von der Ahnung, dass sich entscheidende Vorgänge im Leben nicht erzwingen lassen. Auf diese Weise äußert sich Ehrfurcht, oft auch Demut. Zugleich befeuert das religiöse Empfinden Phantasie und Kreativität. Für Rituale aller Art, für Gesten, Tänze, Lieder und Düfte, ist reichlich Platz. Wer das Göttliche in der Schöpfung oder im Zauber alter Mythen sucht, liegt womöglich nicht ganz falsch.

Johann Wolfgang von Goethe, der deutsche Dichterfürst, hat als Grund für erhabene Gefühle die Existenz einer »Natürlichen Religion« vermutet, die er von der Gläubigkeit des Christentums absetzt. Er schreibt: »Die allgemeine, die natürliche Religion bedarf eigentlich keines Glaubens; denn die Überzeugung, dass ein großes, hervorbringendes, ordnendes und leitendes Wesen sich gleichsam hinter der Natur verberge, um sich uns fasslich zu machen, eine solche Überzeugung drängt sich einem jeden auf«.

Hingegen der *Glaube*: Er beruht nicht auf der unmittelbaren Erfahrung persönlichen Empfindens und behauptet seine Kraft auch ohne Gefühlsüberschwang. Er setzt ein Gegenüber voraus und bleibt auf dieses Gegenüber bezogen. Er lebt von einer Mitteilung, bewahrt eine Botschaft. Thomas von Aquin, der bis heute einflussreichste Theologe des hohen Mittelalters, erklärt: »Glaube ist Teilhabe an einem Wissenden«.

Wer glaubt, weiß demnach nicht aus sich selbst heraus. Aber glaubend lässt sich Wissen erwerben – das sich freilich einer letzten Überprüfbarkeit entzieht. Deshalb gehört zum Glauben das Vertrauen. Das Vertrauen auf ein Du. Das Vertrauen auf jemand anderen. Das Vertrauen auf »den Anderen« schlechthin. Vom Glaubensbekenntnis des Christentums geht Optimismus aus: Habt dieses Vertrauen! Lasst zu, dass sich euer Horizont weitet. Setzt eure Hoffnung darauf, dass euch geschenkt und erschlossen wird, was »kein Auge gesehen und kein Ohr gehört hat, was keinem Menschen in den Sinn gekommen ist: das Große, das Gott denen bereitet hat, die ihn lieben« (1 Kor 2,9).

Gottes Wissen also ist es, das Glaubende zu Mitwissern, zu Mitwisserinnen macht. Und was Gott weiß, ist seine Liebe, mit der er sich der Welt zuwendet, um sie mit dem Glück, das er selbst ist, auszufüllen. Deshalb ist das Wissen um Gottes Liebe, die zur Gemeinschaft mit ihm führt, einer Gemeinschaft anvertraut. In ihr wird es bewahrt, bedacht, gelebt und öffentlich bezeugt. *Ich* glaube, das heißt immer auch: *Wir* glauben. So zeigt sich, dass Gott *jeden* Menschen ruft – doch nicht, um ihn gleichzuschalten oder in der Masse klein zu halten, ganz im Gegenteil: Er soll weit über sich hinauswachsen.

Zur Diskussion

Würde der Mensch nicht glauben, bliebe er mit dem Geheimnis, das er religiös erspürt, überfordert.

Er wäre dazu verurteilt, ziellos zu ahnen, ziellos zu suchen, ziellos zu denken. Er müsste sich im Kreis drehen.

Auch wenn Goethe protestiert hätte: Religiosität fühlt; der Glaube *weiß*. Er ist das einzige Maß für das Unendliche.

Ich glaube an Gott,
den Vater, den Allmächtigen,
den Schöpfer des
Himmels und der Erde

Gotteskrise

Nun werden die Einwände schwer: *Gott* – das ist nur ein Gedanke, eine Vorstellung, ein Konstrukt, wie man in gehobener Sprache gerne sagt. Könnten sich Tiere, Hirsche zum Beispiel, Götter denken, sie würden Geweihe tragen, so mutmaßte schon ein antiker Skeptiker. Sind wir also unseres Gottes Schmied? Kann es das Göttliche unabhängig vom Wunschbild menschlicher Gehirne geben? Und dann die Sprache: Gott. Götter. Göttinnen. Das Göttliche. Vielen ist die Formulierung und mit ihr Frage aller Fragen gleichgültig geworden. Ihr Alltag kommt ohne frommen Wortschatz aus.

Umschließen – und sich umschließen lassen

Der Alltag hält auf Trab, aber er füllt nicht wirklich aus. Selbst wenn er rundum gelänge und mit allem Erfolg und Genuss gewürzt wäre, so bliebe doch ein ungestilltes Verlangen. Denn Gott hat Anziehungskraft. Er bürgt für die Realität schlechthin. Er trägt die Wirklichkeit, in die wir eingelassen sind – und die er zugleich unendlich überragt. Viele verkennen Gott einfach deshalb, weil sie zu klein von ihm denken. Das Größte aber umfasst er: den ganzen Kosmos mit den Gewalten darin, Höhen und Tiefen, Sichtbares und Unsichtbares, Geist, Materie, Energie. *In* und *über* allem waltet Gott und deshalb *ist* er Gott – kein höheres Wesen, nicht »Etwas« oder »Jemand« neben vielem anderen, sondern Quellgrund, Bewusstheit, Wille, Sein.

Aber wäre Gott *nur* groß, nur gewaltig, nur überragend, nur unfassbar, dann hätte er keine Bedeutung für uns. Er wäre eben *zu* groß, zu gewaltig, zu überragend, zu unfassbar; er bliebe hoffnungslos jenseitig. Gott umschließt, aber er *lässt* sich auch umschließen: von den Dingen; vom menschlichen Herzen; vom menschlichen Denken; von der Person Jesu; von banger Zuversicht; selbst vom Bösen, das ihn ignoriert oder mundtot machen will.

Beweisen lässt sich Gott allerdings nicht, schon gar nicht auf der Ebene von Beobachtung und Experiment. Wenn es sich so verhielte, müsste unser forschender, urteilender Verstand um einiges größer sein als Gott. Aber sind wir so scharfsinnig, dass wir sein Dasein überprüfen könnten? Der gesunde Menschenverstand und eine tiefe Weisheit in uns winken ab; diese Größe haben wir nicht! Oder doch?

Für den Philosophen Ludwig Feuerbach, der im neunzehnten Jahrhundert schrieb, ist der Gottesgedanke dem menschlichen Ehrgeiz verdankt: Was wir aus eigener Kraft nicht zustande bringen, wird auf ein Ideal übertragen und kurzerhand Gott *genannt*. So spiegelt sich in einem schillernden Wort, was der Mensch gern selbst sein möchte.

Gegen Feuerbachs These steht die Überzeugung der meisten Bewohner dieser Erde, dass Gott unabhängig von ihrem Wunschdenken Geheimnis und Hoffnung ist. Vor allem aber: Sie haben erfahren, dass Gott sie berührt. Deshalb sprechen sie zu ihm; ihr Gebet trügt nicht. Außerdem sehen sie klar, dass Gott seinem Geschöpf schon Gutes tat, bevor es überhaupt an ihn denken konnte.

Alles Entscheidende im Leben ist uns *gegeben*: die Luft zum Atmen, das Licht der Sonne, der Sinn für das Schöne, die Fähigkeit zu Freundschaft und Liebe. Niemand kann leugnen, dass es eine Wirklichkeit gibt, die uns jetzt, in diesem Augenblick, lebenspendend umfängt. Ist sie Illusion? Ist das Wasser Produkt des Durstes? Wir existieren. Wir empfinden. Wir denken und nutzen wie selbstverständlich die materiellen und geistigen Ressourcen des »Superraumschiffs Erde« in einem Universum, das uns buchstäblich »Raum« bietet, einen Platz an der Sonne.

Kommt womöglich »Mutter Natur« göttlicher Rang zu? Dagegen spricht, dass sie für den Menschen kein Interesse zeigt. Die Dinge haben ihre Tränen, sagt ein antiker Dichter (Vergil). Dem schönsten Sonnentag ist es völlig gleichgültig, wer ihn genießt. Und eines Tages wird die Sonne nicht mehr scheinen. Mutter Natur regiert nur auf Zeit. Sie ist trotz ihrer unvorstellbaren Raffinesse kein Gegenüber für uns. »Allein Gott genügt« (Teresa von Ávila).

Zur Diskussion

Das christliche Credo folgert: Ist etwas »gegeben«, dann gibt es auch einen »Geber«.

Wer anders denkt, möge klären, warum viele Menschen nach einem Geber *fragen* und das Gegebene nicht einfach hinnehmen.

Ich glaube an Gott,
den Vater, den Allmächtigen,
den Schöpfer des
Himmels und der Erde

Gott-Vater?

Diese Bezeichnung stößt zunehmend auf Ablehnung: Vater *Zeus*, der betuliche, aber auch verschlagene Despot der alten Griechen lässt grüßen; er hat längst abgedankt. Überhaupt die Väter: Spielen sie noch eine Rolle? Und dann sind Väter auch noch Männer; hat das sogenannte »starke Geschlecht« nicht lange genug die Faust gezeigt? Mit dem Gender-Mainstreaming wächst ein neues Gespür für Gerechtigkeit zwischen den Geschlechtern. Wird Ideologie daraus, sind sie nivelliert. Auch theologisch gab es Veränderungen: Wenn Gott ein Mann ist, schreibt die US-Amerikanerin Mary Daly, dann ist der Mann Gott – und die Frau? Prompt haben sich die Akzente umgekehrt. Sogar eine geschlechtergerechte Bibelübersetzung ist entstanden, in der dem göttlichen *Er* ein göttliches *Sie* zur Seite getreten ist: *Sie* schafft die Welt, *sie* erlöst und *sie* vollendet. Der Teufel freilich ist männlich geblieben.

Männer haben sich nur zu gern überhöht und an die Spitze der Gesellschaft gesetzt. Und die Religion hatte sich dem zu fügen: Wegen ihrer unterlegenen Natur, mutmaßte die Theologie früherer Jahrhunderte im Anschluss an den Philosophen Aristoteles, müsse die Frau als eine Art »missglücktes Männlein« gelten. Die Bibel durchkreuzt solche Vorstellungen: »Gott schuf den Menschen als sein Abbild; als Abbild Gottes schuf er ihn. Als Mann und Frau schuf er sie« (Gen 1,27).

Mann oder Frau zu sein (oder weder das eine noch das andere sein zu *wollen*), ist ein Faktor, den der Mensch vorfindet (und vielleicht gerade deshalb abstreifen möchte). Schon von daher kann Gott weder Mann noch Frau sein, denn ihm ist absolut nichts vorgegeben. Er hat keine Eigenschaften im irdischen Sinn, ist nicht dem auch geschlechtlich bedingten Kreislauf des Werdens und Vergehens ausgesetzt. In diesem Punkt hat sich die Bibel gegen viele anderslautende Vorstellungen durchgesetzt.

Aber Jesus hat Gott »Vater« genannt; nicht beiläufig und nicht nur einmal, sondern bewusst und durchaus betont. In seiner Redeweise steckt sehr viel Metaphorik: Bestimmte Aussagen werden aufeinander bezogen, obwohl sie der Logik nach nicht zueinander passen. Ist denn Achill ein Löwe oder Odysseus ein Fuchs? Und Gott? Er ist kein Mensch, also auch kein Mann, kein Bartträger, kein potenzieller Familienvater. Er ist Gott.

Und doch Vater? Die Metapher zwingt zum Überstieg: Vater im biologischen Sinn kann Gott nicht sein, doch als Vater ist er *Beziehung*. In der antiken Welt Griechenlands und Roms gaben sich Väter gegenüber ihren Kindern eher reserviert; maßgebend war der Gehorsam. Der göttliche Vater verhält sich anders. Er ist ansprechbar, zum Helfen jederzeit bereit, nahe in Liebe und Zärtlichkeit.

Könnte – und müsste – man Gott dann nicht auch »Mutter« nennen? Eigentlich ja. Doch wer sich an Jesus hält, wird nicht an ihm vorbei über Gott sprechen können. Jesus hat die Vater-Metapher nicht zuletzt deshalb verwendet, weil sie auch sein eigenes, ganz besonderes Verhältnis zu Gott ausdrücken soll. Und vermutlich wollte er im Rahmen der Kultur seiner Zeit zeigen, dass Gott um den Menschen wirbt wie ein Bräutigam um seine Braut. Es ist eine Frage der Ehrerbietung, diesem Sprachgebrauch zu folgen, wie wir es zum Beispiel betend im »Vaterunser« tun.

Allerdings ist es legitim, ja notwendig und heilsam, Gott, den Vater, auch mit fraulichen oder mütterlichen Zügen zu *vergleichen*. Wer sagt, Gott sei *wie* eine Mutter zu uns, um an die weibliche Dimension im Wesen von Beziehungen zu erinnern, bewegt sich durchaus auf den Spuren Jesu und vieler bedeutender Gotteszeugen vor ihm: »Kann denn eine Frau ihr Kind vergessen, eine Mutter ihren leiblichen Sohn? Und selbst wenn sie ihn vergessen würde, ich vergesse dich nicht« – spricht der Herr (Jes 49,15).

Zur Diskussion

Es wäre nicht christlich, einen Gottesdienst im Namen der »Mutter im Himmel« zu eröffnen.

Aber es ist genauso wenig christlich zu meinen, die »Herren der Schöpfung« stünden *als Männer* näher bei Gott.

Ich glaube an Gott,
den Vater, den Allmächtigen,
den Schöpfer des
Himmels und der Erde

Allmacht unter Verdacht

Der Vater, der wie eine Mutter liebt, lässt augenscheinlich schlimmes Leid in dieser Welt zu. Will er es vielleicht sogar? Oder kapituliert er davor? Die Geschichte der Menschheit trieft jedenfalls von Blut, und ein beispielloser Völkermord ist noch vor wenigen Jahrzehnten von deutschem Boden ausgegangen. Heute sterben in diesem Land Woche für Woche zwei Kinder an den Folgen von Misshandlungen … Aber auch andere Unbill zerreißt die Welt: Krankheiten, Unglücksfälle, Katastrophen. Wo bleibt er, der allmächtige Gott? Viele wollen ihn gar nicht mehr. Mächtige sind im Zeitalter der digitalen Revolution hochverdächtig geworden: der allmächtige Staat, das allmächtige Geld, der allmächtige Chef. Und der allmächtige Gott?

Gottesmacht durch Liebe

Im Volk Israel wurde Gottes Allmacht aus politischen, in der Regel militärischen Gründen gepriesen. Denn nach antikem Verständnis wäre ein Gott, der sich in Kriegsnöten nicht bewährt, undenkbar gewesen. Er *musste* der Stärkere, der Größere, der Listigere sein, und viele Erzählungen im Alten Testament stellen Gott so dar: als überlegenen Feldherrn.

Aber es gibt auch die gegenläufige Tendenz: Israel wird aufgefordert, Gottes Macht weniger in seiner kriegerischen Majestät zu suchen als vielmehr dort, wo auf Respekt und Fürsorge gesetzt wird und Menschen bereit sind, für andere einzustehen. Auf diese Weise wird Gottes Allmacht als barmherzige Parteinahme zugunsten der leidenden Kreatur kenntlich gemacht. Sie bleibt selbst gewaltlos, stellt sich aber dem politischen und wirtschaftlichen Kalkül entgegen, das Gerechtigkeit und Liebe verhöhnt. Diese Linie hat auf der Richtstätte in Jerusalem ihre volle Bestätigung gefunden, als der zu Tode gemarterte Jude Jesus seinen Peinigern Vergebung zusprach.

Die große Frage lautet: Wer ist stärker, wer ist mächtiger? Der brutale Mörder, der Liebe und Recht mit Füßen tritt, oder das Opfer, das seinem Mörder vergibt? Für die Bibel ist diese Frage im Blick auf Jesu Verhalten am Kreuz klar beantwortet, und es wird sichtbar, wie sich Gottes Allmacht durchsetzt: Sie ist untrennbar verbunden mit der Liebe. Darum gilt: Der Vergebende ist der *Stärkere*. Und der Stärkere *liebt*.

Dass es für Israel und die Jüngerinnen und Jünger Jesu äußerst mühsam war, die Eigenart göttlicher Allmacht zu erkennen und anzuerkennen, lässt sich denken. Dieser Lernprozess hält bis heute an. Das belegen Gewalttexte übelster Art auch in der Bibel und im Schrifttum der Kirche. Niemals hat der Blutrausch von Menschen nachgelassen, und diese bestürzende Tatsache schlägt sich nicht zuletzt in Texten nieder, die um das Heilige kreisen.

Man muss deshalb die Kriminalgeschichte im Umkreis von Bibel und Kirche aus der Perspektive von Spitzensätzen lesen, in denen das *revolutionäre* Wesen von Gottes Art und Weise, mächtig zu sein deutlich wird. Auch sie sind in der Bibel dokumentiert: »Ich aber sage euch: Liebt eure Feinde und betet für die, die euch verfolgen« (Mt 5,44).

Das Apostolische Glaubensbekenntnis geht also davon aus: Eine größere Macht als die Macht Gottes des Vaters, der auf die Liebe setzt, gibt es nicht. Keine Not der Welt triumphiert über sie. Deshalb kann sich ein gläubiger Mensch – aber auch wer distanziert bleiben will – in Gottes Hände fallen lassen; es sind gute Hände.

Freilich, damit ist noch keine Erklärung dafür gefunden, dass es unvorstellbares Leid völlig unabhängig von menschlicher Bosheit gibt. Diese bedrückende Wirklichkeit kann vermutlich nie bis ins Letzte *ver*standen, vielleicht aber *be*standen werden.

Dazu ein kleines Gedankenexperiment: Angenommen wir wüssten, warum es Leid gibt in der Welt. Angenommen, alles liege klar vor unseren Augen – warum auch Kinder sterben, warum sich die Natur zerstörerisch aufbäumt, warum tragische Umstände Existenzen vernichten. Was wäre gewonnen? Könnten wir lernen, was es heißt zu vertrauen? Könnten wir einander trösten? Hätten wir die Kraft, den Weg zu gehen, auf dem uns Jesus vorangegangen ist? Den Weg unbeirrten Glaubens in der Hoffnung gegen alle Hoffnung?

Zur Diskussion

Im Vertrauen auf die Allmacht Gottes ist uns Grund und Kraft gegeben, im Unglück nicht zu verzweifeln und gegen alles Böse und Bedrohliche in der Welt vorzugehen.

Es gibt Probleme, die eher durch den beherzten Einsatz als durch Grübelei zu lösen sind.

Ich glaube an Gott,
den Vater, den Allmächtigen,
den Schöpfer des
Himmels und der Erde

Schöpfung ohne Schöpfer

Aus naturwissenschaftlicher Sicht scheint die Sache im Großen und Ganzen geklärt zu sein: Der Kosmos ist Produkt des »Urknalls« und der Evolution, die von ihm ausgeht; alles hat sich entwickelt. Manche gehen einen Schritt weiter und sagen: Die Evolution vollzieht sich planlos, ohne Ziel, etwa so, wie sich verschüttetes Wasser auf rauem Boden selbst den Weg sucht. Andere gehen noch weiter und beteuern: Die Dimensionen im All sind derart unermesslich, derart vielschichtig und komplex, dass die Annahme, ein gütiger Wille habe sie hervorgebracht, lächerlich erscheint. Was wirklich herrscht, sind Zufall und Notwendigkeit, ist die unpersönliche Folge von Voraussetzung und Konsequenz, dazu die Kraft des Chaotischen. Einige meinen auch: Eines Tages wird die naturwissenschaftliche Forschung restlos durchschaut haben, was sich jetzt noch als Rätsel zeigt.

Himmel und Erde aus dem Nichts

Für die Bibel steht fest: Gott ist Gott, nicht Welt. Und Welt ist Welt, nicht Gott. Das ist zunächst einmal eine Behauptung – entgegen anderslautender Meinungen, die es schon seit Jahrtausenden gibt. Immerhin setzt der Blick auf die Erscheinungen in der Welt eine solche Faszination frei, dass man buchstäblich vor »Mutter Natur« auf die Knie gehen könnte. Die Wissenschaft aber bleibt hart: Sie untersucht Fakten, Zusammenhänge, Hintergründe und klammert alles Weihevolle – das angeblich Göttliche – aus ihrer Betrachtung aus.

Genauso denkt die Bibel! Jedenfalls in bestimmter Hinsicht: Welt ist Welt. Trotz intensivster Forschung auf allen Ebenen und mit aller Präzision – Gott wird sich in der Natur nicht nachweisen lassen. Warum nicht? Weil Gott alles, was sich wahrnehmen und erforschen lässt, aus *Nichts* geschaffen hat. Der Kosmos ist weder eine Erscheinung von ihm noch ein göttliches Teilstück. Er ist auch kein gleichwertiges Gegenüber Gottes in der Art eines Spiegelbildes.

Das Christentum stellt den denkenden Geist nüchtern vor die Welt und sagt ihm: Schau ihre Gesetze an, erforsche sie. Versuche die Zusammenhänge zu erkennen, leuchte in Abgründe hinein – alles, was du siehst, ist *Welt*, ist Natur, und alles gehorcht nur den eigenen Gesetzen. Zwischen Gott und Welt herrscht ein unermesslicher, unüberbrückbarer Abstand. Anders ist Gott und anders ist Welt. Sie ist vergänglich. Er unendlich. Sie ist bedingt. Er unbedingt. Sie ist vielfältig und fragmentarisch. Er einfach und ganz.

Allerdings hat Gott die Welt ins Dasein *gerufen*, denn am Anfang war »das Wort« (Joh 1,1): Gott *spricht*, und die Dinge sind. Darum reden die Dinge umgekehrt zu uns und können wissenschaftlich erforscht oder als *Hin*weise – nicht *Be*weise – dafür genommen werden, dass es den Schöpfer wirklich gibt.

Gott, jenseits von Himmel und Erde

An dieser Stelle ist es angebracht, ein vielgebrauchtes, für das Christentum unverzichtbares Fachwort zu bemühen, die *Transzendenz*. Da Gott nicht Welt ist, Welt aber gewollt hat, durchwirkt er die Schöpfung bis in die letzten Winkel – und übersteigt sie zugleich unendlich als der ganz Andere, nie Gesehene, Unaussprechliche, ganz und gar Heilige. Gott bleibt buchstäblich und radikal das »Jenseits« dieser Welt. Nur so kann er ihr Schöpfer sein. Ist nicht auch jeder Künstler verschieden von dem, was er geschaffen hat, obwohl es gewissermaßen aus seinem Innersten kommt? War Michelangelo identisch mit seiner wundervollen Marmor-Pietà, die heute im Petersdom steht, oder Mozart mit der »Zauberflöte«?

Hier stimmen Juden, Christen und Muslime überein: Vom *Jenseits seiner Heiligkeit* aus ruft Gott die Welt und hält sie im Dasein. Ohne sein Wohlwollen fiele sie ins Nichts zurück. Existiert sie demnach nur, weil Gott sie Minute für Minute absichert? Ja und nein. Ja – denn ohne den Ruf Gottes wäre nichts. Nein – denn Gottes Verhältnis zur Welt ist nicht so zu denken wie das Verhältnis des Treibstoffs zum Motor. Schöpfung bedeutet immer auch, dass die Welt ihre Eigenständigkeit, ihr »Genie« hat.

Evolution und Schöpfung sind deshalb kein Gegensatz. Die Evolution ist eine – vielleicht *die* – Art und Weise, wie Schöpfung sich vollzieht. Und auch der Mensch bleibt als Mit-Schöpfer in den Evolutionsprozess einbezogen. Er schafft aus den Möglichkeiten, die ihm die Natur bietet, seine eigene Welt: Kulturen, Städte, die Musik und die Malerei, Raumstationen, das Internet. Der Schöpfer verfügt nicht einfach, sondern er inspiriert. Er gewährt Kreativität und Eigenstand.

Zur Diskussion

Anthony de Mello erzählt: Zu einem Schüler, der ständig am Beten war, sagte der Meister: Wann wirst du aufhören, dich auf Gott zu stützen und lernen, auf eigenen Füßen zu stehen? Der Schüler war erstaunt: Aber gerade Ihr habt uns gelehrt, Gott als unseren Vater anzusehen! – Wann wirst du lernen, dass ein Vater nicht jemand ist, auf den man sich stützen kann, sondern jemand, der dich von deinem Anlehnungsbedürfnis befreit?

Ich glaube an ...

Jesus Christus, Gottes eingeborenen Sohn, unsern Herrn

Ich glaube an
Jesus Christus, Gottes
eingeborenen Sohn,
unsern Herrn

Sympathisch, doch überschätzt

Jesus von Nazareth war und ist für ungezählte Menschen in aller Welt Leitbild und Anhalt. Aber viele – vor allem im wohlhabenden Europa – wenden sich von ihm ab. Es gibt Zweifel, ob Jesus tatsächlich so gelebt und gesprochen hat, wie es im Neuen Testament beschrieben wird. Und wenn doch, wie könnte ein Mensch, der vor zweitausend Jahren auftrat, heute noch bedeutsam sein? Und dann der Anspruch: Sohn Gottes! Hier stocken viele, weil sie der Meinung sind, dass dieser Titel überzogen und außerdem kaum noch verständlich ist. Der sympathische Jesus. Ja. Der religiöse Jesus. Ebenfalls ja. Der menschenliebende Jesus. Natürlich ja. Aber der Mensch gewordene Gott? Hier zeige sich eher, was andere aus Jesus gemacht hätten, nicht, was er selbst von sich dachte. Man wollte Gott vom Himmel auf die Erde ziehen und schränkte ihn ein; aber das Göttliche erschöpft sich nicht in einem einzigen Menschen …

Heilsame Enttäuschung

Als das Christentum entstand, war es gang und gäbe, von Gottessöhnen zu sprechen. Im Judentum, der religiösen Heimat Jesu, wurden mit diesem Titel Menschen geehrt, denen eine besondere Gottesnähe zu Gesicht zu stehen schien. In Frage kamen Könige und Propheten oder auch das Volk Israel selbst. Enttäuschungen waren freilich vorprogrammiert: Welcher Mensch oder welches Volk hätte durch sein Verhalten den heiligen Gott auch nur annähernd spiegeln können?

Sohn Gottes – so nannte sich auch der höchste Machthaber der damaligen Zeit, der Kaiser in Rom. Er wollte seine Einzigartigkeit herauskehren und sie in überirdischen Glanz tauchen. Niemand schien der himmlischen Allmacht näher zu stehen als der politisch Allmächtige. Auf *Jesus* übertragen, hat der Sohn-Gottes-Titel allerdings ein nachhaltiges Programm politischer und gesellschaftlicher Entlarvung angestoßen: Wer sich selbst über die Maßen erhöht, ist verblendet oder lügt, seien es Einzelne, sei es die Masse.

In diesem Punkt unterscheidet sich die Zeit Jesu nicht von heute. Deshalb bleibt auch sein Sohnestitel aktuell. Er bringt das Göttliche mit dem Unscheinbaren, Alltäglichen in Verbindung. Denn »rein äußerlich« gesehen, war Jesus »ein einfacher Mann aus Nazaret in Galiläa« (Martin Ebner).

Sein Rufname *Jesus* war nichts Besonderes und damals im Judentum allgemein gebräuchlich. Dass er auch Jesus *Christus* genannt wurde, drückt bereits Verehrung aus. Dieser Zuname ist eine Folge des Eindrucks, den der Galiläer denn doch gemacht haben muss. Der griechische Begriff »Christus« entspricht dem hebräischen Ausdruck »Messias« (Gesalbter), mit dem sich in Israel Großes verband: Wenn der Messias kommt, dann macht kein Geringerer als *Gott* seinen Herrschaftsanspruch geltend. *Seine* Zeit beginnt. Er *selbst* regiert – zum Wohle des Volkes und aller, die guten Willens sind.

Aug' und Ohr für Gott

Als Jesus vom Anbruch der Gottesherrschaft sprach und sich abzuzeichnen begann, was sein Auftreten für Israel bedeuten konnte, rückte er selbst ins Zentrum des Interesses: *Er* ist der Messias, hieß es bald, und er ist »der Sohn« schlechthin, weil er weiß, wovon er redet, und dementsprechend *lebt*. Nicht alle, aber viele waren überzeugt von dem Wanderprediger aus der Provinz und bewunderten sein menschenfreundliches Gottvertrauen, aber auch den Mut, dem Bösen und Verschrobenen die Stirn zu bieten.

Damit kommt eine weitere Dimension des Sohnestitels zum Vorschein: In der Gesellschaft, in der Jesus lebte, war es normal, dass Söhne den Beruf des Vaters übernahmen und zu diesem Zweck auch vom Vater ausgebildet wurden. Und was tat ein Sohn, der den Vater beruflich beerben sollte? Er beobachtete ihn genau. Er ahmte ihn nach. Er tat, was ihm der Vater auftrug und bemühte sich, in dessen Anliegen hineinzuwachsen. Lernen durch Sehen und Hören, Lernen durch vertrauliches Mitsorgen. Sehr viel anders ist das auch heute nicht.

Jesus war – und bleibt – ganz Aug' und ganz Ohr für den Gott seines Volkes, der freilich der Gott *aller* Menschen ist. Mit dieser Formulierung lässt sich das Denken der frühen Kirche auf den Punkt bringen und damit wohl treffen, wie Jesus auf seine Zeitgenossen gewirkt haben muss: als jemand, der Gott *sieht*, Gott *hört* und Gott *lebt*.

Aber: *Niemand* hat Gott je gesehen! Dieser Satz aus dem Johannesevangelium (1,18) bleibt wahr und unumstößlich. Gerade so aber wird das Unerhörte, durchaus Zugemutete, zugleich Grandiose des christlichen Glaubensbekenntnisses deutlich: Jesus *sieht* Gott so genau und er *hört* ihn so deutlich, dass sein Wissen über ihn nicht aus dem Ungefähren, nicht sozusagen von Außen stammen kann. Es muss ein authentisches Wissen sein, ein Wissen aufgrund unmittelbaren Erlebens, wie es sich nur in Gott und in Tuchfühlung mit seinem unerforschlichen Geist zu formen vermag.

Mit dieser Einsicht erreicht der Sohnestitel Jesu die ihm angemessene Tiefe: »Sohn« ist, wer den Vater von Innen kennt. »Sohn« ist, wer an »seinem Herzen ruht« (Joh 1,18). »Sohn« ist, wer von Gott empfangen hat, selbst wie Gott zu sein – gleichermaßen ewig, gleichermaßen heilig, gleichermaßen weise, gleichermaßen liebend.

Zumutung aus der Liebe

Um die zeitenthobene Weise des Verhältnisses Jesu zu Gott *vor* aller Schöpfung anzudeuten, greift das Glaubensbekenntnis auf ein in der deutschen Umgangssprache wenig geläufiges Eigenschaftswort zurück – Jesus Christus, Gottes *eingeborener* Sohn. Man darf interpretierend im Zungenschlag eines frühchristlichen Konzils auch sagen: Wir glauben an Jesus Christus, Gottes *wesensgleichen* Sohn. Damit kommt Jesu unfassbare Größe zum Ausdruck, nicht zuletzt seine Anbetungswürdigkeit, die es erlaubt, ihn auch »unsern Herrn« zu nennen.

Unsern *Herrn*? Israel nannte einzig und allein Gott den »Herrn« und verbeugte sich vor ihm. Bis heute anerkennt das Judentum keinen anderen Herrn als den einen Gott. Neben ihm gibt es keinen Gott, also gibt es auch keinen »Herrn« an seiner Seite und schon gar nicht an seiner Statt. Setzt demgegenüber das Christentum auf *zwei* Herren, womöglich auf zwei Götter? Wenn dem so wäre, müsste man es schleunigst verabschieden. Aber das Neue Testament spricht an keiner Stelle von zwei Göttern, auch nicht von dreien. Es hat wie Israel einzig und allein den *einen* Gott vor Augen.

Nur: Von diesem *einen* Gott ist nicht mehr anders die Rede denn im Blick auf Jesus. Weil er »der Sohn« ist, spiegelt sich in ihm »der Vater«. Der Sohn ist buchstäblich »eines Geistes« mit dem Vater. Vater und Sohn sind demnach *eins*, und der Glaube folgert: Gott ist Vater, Sohn und Heiliger Geist. Er ist Liebe, die verschenkt, Liebe, die empfängt und Liebe, die vereinigt. Vater, Sohn und Geist sind der *eine* Herr, an dem alle Hoffnung hängt.

Hier bekundet sich frohe Botschaft im Klartext: Gott ist kein Despot wie alle selbsternannten »Herren« dieser Welt, sondern reine Fürsorge, stets bereite Einfühlsamkeit. Auf die Liebe kommt es an. Sie gibt das Maß vor. Sie ist die notwendende, einzig erlösende Herrschaft in dieser Welt. Sie ist das »neue Gebot« (vgl. Joh 15,12).

Zur Diskussion

In der Liebe gibt es keine Hierarchie.

Schon gar nicht die Hierarchie von Mann und Frau. Deshalb stuft der Sohnestitel Jesu und die Tatsache, dass er Mann war, die Frau keineswegs herab.

Die »Herrschaft« der Liebe, die der »Sohn« im Namen des »Vaters« ausruft, setzt »Heiligen Geist« frei. Wer ihn aufnimmt, kennt kein Oben und Unten, keine Menschen erster und zweiter Klasse, sondern nur noch Schwestern und Brüder.

Das Evangelium verkündet die Zugänglichkeit Gottes für ausnahmslos jeden Menschen, der glaubt, ob Kind, Mann oder Frau, ob geschlechtlich unbestimmt oder verändert. Es spielt keine Rolle.

Ich glaube an …

Jesus Christus … empfangen durch den Heiligen Geist, geboren von der Jungfrau Maria

Ich glaube an Jesus Christus ...
empfangen durch den Heiligen Geist,
geboren von der Jungfrau Maria

Der große Aufreger

Die Reizworte überschlagen sich nun, und auch wer nur wenig vom christlichen Glauben weiß, kennt zumindest die Redensarten, die von ihm herrühren – und manchen Spott, den sie auslösen. Bleibt zum Beispiel ein bestimmter Tathergang im Dunkeln, heißt es, hier sei wohl der Heilige Geist im Spiel gewesen. Und wie kommt die Jungfrau zum Kind? Wohl nur mit einer gehörigen Portion Leib- und Sexualfeindlichkeit. Man kennt die antike Gewohnheit, großen Persönlichkeiten eine vaterlose Geburt zuzusprechen. Jedes Mal sei Symbol- und Bildsprache im Spiel gewesen, keine biologische Sensation. Und man müsse im Auge behalten, dass nicht alle Evangelien von der Empfängnis Jesu aus der Jungfrau Maria berichten.

Wahrer Mensch

Jesus war, der biblischen Überlieferung nach, der Sohn einer Jüdin namens Maria, der Verlobten Josephs. Als sein Heimatort gilt die Stadt Nazareth, südwestlich vom sogenannten galiläischen Meer, dem sehr malerischen See Genezareth gelegen. Inzwischen sind zweitausend Jahre vergangen, seit der Galiläer in Erscheinung trat. Das Glaubensbekenntnis setzt voraus, dass Jesus als Mensch wie Du und Ich gelebt hat. Andernfalls wäre das Christentum hinfällig.

Aber was weiß man historisch gesichert von Jesus? Hauptquellen für sein Leben sind Texte aus dem Urchristentum: Apostelbriefe und die sogenannte Apostelgeschichte; Evangelien, Spruchsammlungen, Lieder, Sendschreiben – zusammengestellt im Neuen Testament. Einige schmale, außerbiblische Belege kommen hinzu, die allerdings biblisch oder frühkirchlich beeinflusst sein können.

Auf der Basis moderner Textanalysen und historisch-kritischer Arbeit lässt sich über Jesus nach derzeitigem Stand zumindest folgendes sagen:

- Er trat als ursprünglicher Sympathisant Johannes des Täufers mit einem eigenen Anspruch auf und berief Jünger

- Er sprach ausdrücklich vom Gottesreich oder der Gottesherrschaft und verband diese Rede mit seiner eigenen Person

- Er verkündete den bedingungslos liebenden Gott und rief im Zeichen eines Kreises von zwölf ausgewählten Jüngern Israel zur Umkehr

- Seine Tätigkeit verlagerte sich von Galiläa im Norden Israels in die südlich gelegene Stadt Jerusalem, in der ein schwerer Konflikt mit der im Tempel tätigen Hohepriesterschaft entstand

- Der Konflikt führte zum Todesurteil seitens der römischen Obrigkeit, wobei Jesus seinen Anspruch als Anwalt des Gottesreiches während eines Abschiedsmahles mit den Jüngern nochmals bestätigte

- Der Galiläer wurde schließlich gekreuzigt und bestattet

- Kurz danach sammelte sich sein ehemaliger Freundeskreis neu und behauptete, »Gott habe Jesus nicht im Tod gelassen, sondern ihn auferweckt und in gottgleiche Machtstellung versetzt« (Rudolf Hoppe)

Die Faktenlage mutet dürftig an, aber es ist nicht gerade wenig. Aussagen über Jesu Bedeutung und Status sind eine Angelegenheit des Glaubens und historisch nicht belegbar. In der Profangeschichte liegen die Dinge ähnlich. Daten sind die eine Sache, eine andere ist deren Deutung. Daten können womöglich hieb- und stichfest sein, doch Deutungen werden immer miteinander konkurrieren; sie sind wie das Salz in der Suppe. An den Evangelien, die unbestreitbar ein erklärtes Interesse verfolgen, führt in der Jesusforschung kein Weg vorbei.

Leben ohne Sünde

Die Rede von Jesu Empfängnis aus dem Heiligen Geist und seiner Geburt aus Maria, der Jungfrau, stellt zunächst seine *Sündenlosigkeit* heraus. Als die Jüngerschaft Jesu es wagte, ihn »den Sohn« zu nennen, reagierte sie nicht leichtfertig. Jesu Art und Weise zu reden und zu handeln hatte zum Vorschein gebracht, dass er buchstäblich »eines Geistes« mit dem Vater war. »Geist« – dieses Wort umschreibt schon im Alten Testament die Heiligkeit des Gottes Israels, dazu seine Schöpferkraft, seine Arglosigkeit, das ungetrübt Gute in ihm.

Jesus war offensichtlich von diesem Geist durchdrungen, und das fiel auf. So etwas muss auffallen. Niemand ist ein Held vor seinem Kammerdiener, sagt ein altes Sprichwort. Man weiß wie die Glamour-Welt der Berühmten hinter der Fassade aussieht; man kennt sich selbst und erlebt, wie oft sich der Schein über die Wahrheit schiebt. Bei Jesus muss das anders gewesen sein. Ihn bedrängte diese Gefahr sicher auch, aber er hat sie gemeistert. Gerade darum wurde er als »geistgeboren« und als »sündenlos« erkannt. Das Christentum wäre auch dann hinfällig, wenn sich herausstellen sollte, dass Jesus Sünder war.

Wäre er als Mensch nicht eindrucksvoller, überzeugender und realitätsnäher gewesen, wenn er doch gesündigt hätte? Wer so denkt, unterschätzt die Beobachtungsgabe und die Zeugniskraft der näheren Umgebung Jesu. Außerdem ist damit unterstellt, dass die Verfehlung – Hass, Neid, Mord, zügellose Gier – zum Wesen des Menschen gehört. So äußert sich schierer Fatalismus. Im Übrigen: Wäre Mozart wirklich Mozart, wenn er mittelmäßig komponiert hätte? Dürfte ein Albrecht Dürer als Genie gelten, wenn er niemanden verblüfft hätte? Wäre Jesus »der Christus« *als Sünder*?

Sicher nicht. Denn mit ihm wird der *ursprüngliche* und zugleich *neue* Mensch sichtbar. Gott wollte den Menschen ohne die Sünde. Das Böse gehört keineswegs zu seinen unveränderlichen Kennzeichen. Jesus ist *wahrer* Mensch, weil er als *sündenloser* Mensch gelebt hat. Er verkörpert den Prototyp der Spezies »Mensch«. Wie er, sollten alle sein: »geistgeboren« und deshalb geprägt durch den vertrauten Umgang mit Gott. Dass die Wirklichkeit anders aussieht, hängt mit einer negativen Drift zusammen, die sich wie eine zweite Natur über das Menschengeschlecht gelegt hat. Doch mitten unter denen, die sündigen, steht ER – der Sündenlose, der neue Mensch nach Gottes Herzen, eines Geistes mit dem Vater und darum »empfangen durch den *Heiligen* Geist und geboren aus der *Jungfrau* Maria«.

Der große Neubeginn

Mit Jesus hat Gott einen grundstürzenden Neustart ermöglicht. Der »Sohn« verdankt sich nicht der menschlichen Zeugungskette. Er ist kein geborener Mittäter im Bannkreis der Sünde. Mit ihm wiederholt sich, was »im Anfang« (Gen 1,1), das heißt bei der Geburt von Himmel und Erde geschah: Gottes reiner Gedanke nimmt Gestalt an. Als »Neuer Adam« steht Jesus dem »Alten Adam« – das sind wir – lebenspendend gegenüber.

Maria, Jesu Mutter, ist der erste Mensch, auf den sich der Neubeginn auswirkt. Die Evangelien nach Matthäus und Lukas, in denen die jungfräuliche Empfängnis und Geburt Jesu erwähnt wird, denken wohlüberlegt vom Wunder der Schöpfung her: Wie der Geist »am Anfang« über »den Wassern« schwebte (Gen 1,1), um Leben aufkeimen zu lassen, so durchwirkt er auch die junge Frau Maria, damit der Neuanfang Gestalt annimmt: Jesus, der Sündenlose.

Ist demnach die jungfräuliche Geburt Jesu historisch-biologisch zu verstehen? Wenn das Wunder des Neuanfangs ernst genommen wird, dürfte kaum anzunehmen sein, dass es nur um Symbolik oder Poesie geht. Doch das Glaubensbekenntnis hält sich nicht länger dabei auf.

Zur Diskussion

Wäre Joseph der natürliche Vater Jesu gewesen, müsste ihm mindestens die gleiche Verehrung zukommen wie seiner Mutter Maria (Karl Rahner) – das war nie der Fall.

Das Bekenntnis zur Geistempfängnis und jungfräulichen Geburt Jesu darf allerdings nicht dazu verwendet werden, die menschliche Sexualität herabzusetzen.

Blut ist dicker als Wasser – dieser Slogan, der so viel Leid über die Welt gebracht hat, wird mit dem geistgeborenen Jesus ad absurdum geführt.

Ich glaube an …

Jesus Christus … der gelitten hat unter Pontius Pilatus, gekreuzigt wurde und gestorben ist

Ich glaube an Jesus Christus …
der gelitten hat unter Pontius Pilatus,
gekreuzigt wurde und gestorben ist

Das Kreuz mit dem Kreuz

»Da bin ich hineingerutscht wie Pilatus ins Credo« – der einzige Eigenname im Glaubensbekenntnis neben »Jesus« und »Maria« gehört einem Mann, der in religiösen Fragen eher unbedarft war. Aber das tut wenig zur Sache. Denn jetzt werden Themen angesprochen, die einem normal empfindenden Gemüt nicht sonderlich liegen. Wer hört sich schon gerne Leidensgeschichten an. Und der Blick auf das Kreuz irritiert: »Ihr habt es mit dem Tod!« soll jemand verbittert ausgerufen haben, als die Rede auf das Christentum kam. Die Vorwürfe in diese Richtung werden immer lauter: Euer Gott will Blut sehen. Euer Gott ist grausam. Euch fehlt es an Humanität. Nicht umsonst wird kontrovers über Kreuze in Kindergärten und Klassenzimmern debattiert …

Pilatus und das Kreuz

Pontius Pilatus war weltpolitisch gesehen nicht prominent. Für die Großmacht Rom hielt er als eine Art Gouverneur die unbeliebte Provinz Palästina in Schach. Er residierte außerhalb Jerusalems und kam nur bei besonderen Anlässen, etwa für Feste oder Gerichtssitzungen, in die Hauptstadt der Juden. Als ranghöchster Verwaltungsbeamter hatte er unter anderem die Justiz zu überwachen, insbesondere dann, wenn es um Todesurteile ging.

Dass er am Prozess Jesu große Freude gehabt hätte, ist unwahrscheinlich, zumal Pilatus Zwistigkeiten im Volk gelangweilt sah und wohl gespürt hat, dass die Anklage auf tönernen Füßen stand. Trotzdem fällt der Schiedsspruch: Kreuzigung! So straften die Römer aufständische Nicht-Römer. Diese Hinrichtungsart konnte in ihrer Grausamkeit gestaffelt werden, wobei Jesus die denkbar schlimmste Form erdulden musste, die sogenannte Sklavenexekution. Dabei durften die Henker die Verurteilten quälen, wie und solange sie wollten. Warum wurde Jesus verurteilt?

Politisch gesehen konnte er leicht als Aufrührer diffamiert werden. Denn Jesus hatte öffentlich gesprochen und damit Teile der Bevölkerung mobilisiert; viele liefen ihm hinterher, manche folgten ihm sogar nach (Gerhard Lohfink). So etwas schätzt eine Besatzungsmacht nicht. Gegner Jesu haben die Situation ausgenützt und den Rebellionsverdacht konsequent geschürt.

Religiös gesehen hat wohl schon sein Auftreten an sich Widerstand erzeugt: sein freies Wort, der Umgang mit dem mosaischen Gesetz, Kritik am Jerusalemer Tempelbetrieb – und alles aus dem Bewusstsein heraus, im Namen Gottes zu sprechen. Man muss hier allerdings sehr vorsichtig sein. Denn die Schuld an der Hinrichtung Jesu ist keinesfalls »den Juden« anzulasten. Es ist der Mensch, der den Menschen verschlingt.

Und damit zurück zu Pilatus: Sein Name verbürgt die Datierbarkeit Jesu. Der »Messias«, der »Christus«, der »Sohn« – jener Mensch, der Gott von Innen kennt – war kein Phantom. Die antike Sagenwelt weiß von Göttinnen und Göttern zu erzählen, die in Menschengestalt auf die Erde kommen, um nach dem Rechten zu sehen oder ihren nicht immer jugendfreien Erfahrungshorizont zu erweitern. Doch niemand hat je versucht, die Umtriebigkeit des Blitze schleudernden Jupiter oder der wild-schönen Jagdgöttin Diana kalendarisch einzugrenzen.

Der Jesusüberlieferung hingegen liegt die Chronologie am Herzen. An ihr feilt zum Beispiel das Markusevangelium, für dessen

Entstehung ein anderer, ungleich bedeutenderer Römer als Pontius Pilatus eine Rolle spielt: Kaiser Vespasian. Nach quälenden Unruhen im sogenannten Drei-Kaiser-Jahr 68/69 war er zum Imperator ausgerufen worden. Dieser Akt galt als reichsweite Frohbotschaft, als »Evangelium«: Vespasian ist Kaiser! Die Lage entspannt sich!

Markus präsentiert eine »Gegenerzählung« (Martin Ebner): Nicht die Kaiserherrschaft, sondern die Gottesherrschaft interessiert ihn. Auch sie kennt einen Imperator – den man freilich gegeißelt, verspottet und gekreuzigt hat. Eine Karriere nach unten! Aber eine Karriere in *dieser* Welt – zu einer bestimmten Zeit, an einem bestimmten Ort. Vespasian herrscht über das Imperium Romanum vom goldenen Sessel aus. Doch Jesus, der Herr, herrscht über die ganze Welt *vom Kreuz* her. Das ist das wahre Evangelium für Markus.

Zur Diskussion

Gedankenspiel:

Findige Köpfe eröffnen einen runden Tisch mit dem Ziel, das religiöse Leben der Menschheit zu perfektionieren. Eine neue Religion soll entstehen, eine, die unmittelbar einleuchtet, niemanden ausschließt und ganz den Bedürfnissen der modernen Gesellschaft entspricht.

Wäre noch vom Kreuz die Rede?

Sicher nicht. Die Idee gäbe den Ton an: das Große, Hehre, Schöne. Alles säuberlich verrechnet mit bürgerlicher Wohlanständigkeit und Leistungsstolz.

Das Glaubensbekenntnis spiegelt keine Kunstreligion. Es arbeitet sich am Widerständigen ab – und ist gerade so glaubwürdig.

Gott und das Kreuz

Wie können Menschen, die an Gott glauben, im Kreuzestod Jesu etwas Positives sehen?

Die Spur der Hoffnung, die sich durch die Bibel zieht, legt nahe: Gott will das Kreuz *nicht*. Mit Menschenopfern, wie sie in antiken Völkern, etwa bei den Phöniziern, üblich waren, wo sogar Kinder verbrannt wurden, hat er nichts zu tun. Und was ist mit Abraham, von dem verlangt wird, den einzigen Sohn zu »schlachten«? Gottes Engel verhindert es im letzten Augenblick (vgl. Gen 22,1-19). Todesrituale sind ein für allemal passé. Gott will Leben. Gott und der Tod – Gott und das Kreuz: Es passt nicht zusammen.

Doch woher kommt das Kreuz? Auch wenig Realitätssinn genügt um zu erkennen, wer Kreuze aufrichtet: Es ist der Mensch in seiner abgründigen Grausamkeit. Gekreuzigt wird tagtäglich in Gedanken und Worten. Den Gedanken und Worten folgen Taten, den Taten Gewohnheiten, den Gewohnheiten Ansprüche. Dann kommt der Krieg, der eine Explosion der alltäglichen Lieblosigkeit und immer tiefste Barbarei ist.

Auch Jesus erlebt den Terror des Kreuzes. Aber er geht in erstaunlicher Weise mit dem Bedrohlichen um. Den Evangelien zufolge deutet Jesus sein gewaltsames Sterben als einen letzten Liebesdienst an den Seinen und unterstreicht dies mit einfachen, aber ausdrucksstarken Gesten aus der jüdischen Familienliturgie. Er ruft die Jünger zu einem Abschiedsmahl, wobei er sich bewusst als Dienender versteht, der den Geladenen alle Aufmerksamkeit schenkt.

Als Dienender *leitet* er zugleich die Zusammenkunft. Wie ein jüdischer Hausvater zerteilt und reicht er Brot. Diese Geste kündigte bei der feierlichsten Mahlzeit der jüdischen Familie, als an die Befreiung Israels aus der ägyptischen Knechtschaft erinnert wurde, den Verzehr eines frisch zubereiteten Lammes an. Da Jesus das Brot »meinen Leib« nennt, ein wirkliches Lamm aber fehlt, verändert sich die Bedeutsamkeit der heiligen Handlung. Zerbrochen wird *Er*. Verzehrt wird *Er*. Was der nächste Tag mit der Hinrichtung an bitterer Realität bringen wird, nimmt Jesus beim Abschiedsmahl zeichenhaft vorweg. Das Kreuz wird ihm alle Lebenskraft nehmen; doch was die menschliche Grausamkeit gebiert, verwandelt er in Liebe.

Dann reicht Jesus Wein, den er »mein Blut« nennt. Als Mose am Berg Sinai das göttliche Gesetz präsentiert hatte, verpflichtete sich das Volk, es zu halten und wurde zum Zeichen dafür mit dem Blut von Opfertieren besprengt. Eine Art »Blutsbruderschaft« zwischen Gott und Israel war damit besiegelt worden. Doch es kommt nicht auf das drastische Ritual an, sondern auf die unbedingte Verlässlichkeit, die mit ihm symbolisiert wird. Treu zu sein bis in den Tod, das ist auch heute noch ein hohes Ideal.

Am Kreuz Jesu, des »Sohnes«, zeigt sich, dass Gott seine Treue unter keinen Umständen aufkündigt – weder wenn der Mensch leidet noch wenn er Leid zu verantworten hat. Und ebenso: Am Kreuz Jesu wird sichtbar, dass sich Gott mit allen Opfern unmenschlicher Grausamkeit (und es sind unzählige) identifiziert. Darum kann das Kreuz mit all dem Schrecken, den es bringt, die von Jesus verkündete Gottesherrschaft nicht aufhalten.

Gott errichtet keine Kreuze – er will die Überwindung des Kreuzes durch Vergebung und Umkehr. Jesu Tod ist nicht die Bedingung seiner Liebe, sondern deren Konsequenz. Nun steht es fest: Das Opfer, das *vergibt*, ist stärker als der Peiniger. Die scheinbar ungebremste Brutalität im menschlichen Zusammenleben wurde buchstäblich »durchkreuzt«. Denn Jesus »lässt das Böse bei sich enden« (Michael Grünwald).

Zur Diskussion

Ist Jesus tatsächlich so überlegt in den Tod gegangen, wie es in den Evangelien beschrieben wird?

Man kann jedenfalls sicher sein, dass letzte Worte und letzte Gesten großer Persönlichkeiten mit besonderer Sorgfalt registriert werden.

Später wird über die Erinnerungen nachgedacht, um sie besser zu verstehen.

Und viele haben verstanden. Denn würden Christen in einer Welt des Hasses mit Hass reagieren, machten sie sich überflüssig.

Die Kirche und das Kreuz

Dass sich schon die frühe Kirche – wohl kaum anders als wir heute – mit dem Faktum des Kreuzestodes Jesu schwer getan hat, wird oft nicht gesehen. Genauso wenig wie die Tatsache, dass im Umgang mit dem Kreuz Interpretationen im Umlauf sind, die das kirchliche Leben langfristig geprägt haben. Sie sind nicht in Stein gemeißelt, aber durchaus hilfreich, um schiefe Vorstellungen abzuweisen und auf den vielen Kreuzwegen, die im Leben zu bewältigen sind, Trost zu spenden.

Dass ein Mensch, der sich für das Gute einsetzt, schnell unter die Räder kommen kann, weiß man nicht erst aus der Bibel. Aber ihre Texte haben die Anliegen Jesu kongenial erfasst und herausgestellt, wie prophetisch, wie geradlinig sein Leben war. Jesus hat sich nicht verbiegen lassen. Er steht für seine Überzeugung ein und geht für sie in den Tod. Wenn Jesus, wie berichtet wird, *betend* stirbt und wenn er sterbend *verzeiht*, dann bricht er dem Guten gerade dort Bahn, wo es sein abruptes Ende zu finden scheint.

Im hohen Mittelalter hatte sich ein Mönchsorden gebildet, zu dessen Aufgaben der Loskauf christlicher Sklaven gehörte. Dazu war die Bereitschaft erforderlich, notfalls die eigene Freiheit als Zahlungsmittel anzubieten und sich anstelle eines Galeerensträflings selbst an die Ruderbank schmieden zu lassen. In diesem Großmut klingt nach, was der Evangelist Markus im Blick auf Jesus selbst überliefert: »Der Menschensohn ist nicht gekommen, um sich dienen zu lassen, sondern um zu dienen und sein Leben hinzugeben als Lösegeld für viele (Mk 10,45).

Den Tod fordert nicht Gott ein; das tut die Sünde. Sie trägt die Todesmacht in sich. Wo sie herrscht, kann Leben nicht gedeihen. Die Kirche weiß um diese Tragik und *verehrt* deshalb das Kreuz; aus dem Schreckenszeichen ist ein Signal für den Sieg geworden.

Zur Diskussion

Weil es auch Gläubige mit dem Kreuz Jesu nie leicht hatten, waren sie für Verzerrungen empfänglich.

Man hat mit dem Kreuz auf Gott einen Schatten geworfen, als wäre er der unbarmherzig Fordernde, der nur dann Gnade zeigt, wenn Blut fließt.

Man hat mit dem Kreuz gedroht und dadurch vielen die Lebensfreude vergällt.

Man hat im Namen des Kreuzes übertriebene Askese geübt und sich dann vor Gott und Mitmensch gebrüstet.

Und doch: Am Kreuz bewährt sich die Liebe. Ohne Verzicht und Hingabe ist Leben nicht denkbar.

Exkurs:
Was nicht im Credo steht – und warum

Beschreibt der Credo-Text den Charakter und das Auftreten Jesu? Nein. Darüber verliert er kein Wort, nicht ein einziges. Man erfährt zum Beispiel nichts davon,

- dass Jesus vom Anbruch der Gottesherrschaft sprach und es mit Gleichnissen und Bildern tat
- dass er sich den Randgruppen der Gesellschaft zuwandte: Armen, Kranken, Missachteten
- dass er zärtlich und respektvoll mit Frauen und Kindern umging
- dass er Wunder wirkte, die Licht auf seine Botschaft warfen
- dass er Jünger und Jüngerinnen berief und den Kreis der Zwölf einsetzte
- dass er zur Feindesliebe aufrief und sie vorlebte
- dass er ein intensives Gebetsleben in der Einsamkeit pflegte, um den Willen Gottes in sich aufzunehmen
- dass er Anfechtungen widerstand, besonders der, sich von Gott abzuwenden
- dass er unter die Leute ging, um mit ihnen zu essen und zu trinken
- dass er mit Gelehrten über Gott und die Auslegung des Gesetzes diskutierte

Man erfährt auch nichts über uns Menschen, zum Beispiel

- dass wir als freie Wesen geschaffen sind und für unser Tun und Lassen Verantwortung tragen
- dass wir als Gottes Ebenbild gelten dürfen und dazu bestimmt sind, in Glück und Frieden zu leben
- dass wir uns so in Sünde und Schuld verstrickt haben, dass niemand unberührt bleiben kann
- dass wir deshalb erlösungsbedürftig sind und die eigene Kraft weder das tödliche Netz der Sünde zu zerreißen noch die Nähe Gottes zu erzwingen vermag

Wie konnte es zu diesen Abstrichen kommen?

Glaubensbekenntnisse sind Teil des *Gottesdienstes* (der Liturgie) und waren ursprünglich im Umfeld der *Taufe* angesiedelt. Dieses Sakrament wurde in den frühen Zeiten des Christentums regulär nur Erwachsenen gespendet, nachdem sie sich zuvor eingehend mit der neuen Lehre beschäftigt hatten. Sie studierten die kirchliche Überlieferung und mit ihr die Lebensgeschichte

Jesu. Diese Informationen sind nach wie vor unerlässlich.

Eine andere Gelegenheit, von Jesus zu erfahren und sich der eigenen Lage bewusst zu werden, bietet die *Eucharistiefeier*. Sie ist undenkbar ohne die festliche, offizielle Rezitation der Heiligen Schrift, insbesondere der Evangelien, in denen die Jesusgeschichte im Mittelpunkt steht. Dazu tritt, jedenfalls an Sonn- und Festtagen, die Schriftauslegung, die Predigt – worauf das gemeinsam gesprochene Glaubensbekenntnis antwortet. Es unterstreicht, was zuvor verlesen und erläutert wurde. Der Credo-Text bringt wie ein Schlagwortkatalog auf den Punkt, was die Schrift in vielen neuen Anläufen *erzählt*.

Liturgie, Glaubensunterweisung und Glaubensbekenntnis sind also eng aufeinander bezogen. Auf diese Weise bleibt der christliche Gottesdienst davor bewahrt, zu einer vordergründigen Gefühlssache abzuflachen, in der es nur um Freundlichkeiten geht. Zugleich wird die Lebensnähe des Glaubensbekenntnisses deutlich; es erinnert an die Dramatik in der Biografie Jesu und zeigt an, dass es auch für uns festen Halt in oft bitterer Realität gibt.

Zur Diskussion

Enttäuschter Einwand: Das Glaubensbekenntnis habe es versäumt, an die wohl schönste Aussage der Heiligen Schrift zu erinnern: »Gott ist die Liebe« (1 Joh 4,8).

Man muss den Satz weiterlesen: »Die Liebe Gottes wurde unter uns dadurch offenbart, dass Gott seinen einzigen Sohn in die Welt gesandt hat, damit wir durch ihn leben« (1 Joh 4,9).

Wie die Schrift ist auch das Credo kein philosophischer Text. Es ruft in Erinnerung, was Gott *getan* hat, wie er sich eingesetzt und was er in die Waagschale geworfen hat – historisch konkret und denkerisch nicht vorhersehbar.

Wer mit dem Glaubensbekenntnis Gottes Existenz bejaht, traut ihm auch zu, in der von ihm geschaffenen Welt aktiv zu sein.

Ich glaube an …

Jesus Christus … begraben, hinabgestiegen in das Reich des Todes, auferstanden am dritten Tag, aufgefahren in den Himmel

Ich glaube an Jesus Christus ...
begraben, hinabgestiegen in das Reich
des Todes, auferstanden am dritten Tag,
aufgefahren in den Himmel

Genaues weiß man nicht

Vom Tod gab und gibt es eine ganze Reihe grundverschiedener Auffassungen. Und wie so vieles an der christlichen Überlieferung, ist auch ihr Bild vom Tod fragwürdig geworden. Das Panorama konkurrierender Vorstellungen ist breit: Tod als endgültiges Aus für Leib und Seele, der Fall ins Nichts. Tod als Übergang in eine neue, irdische Daseinsform, auf die ungezählte weitere folgen. Tod als Aufstieg des vom Körper befreiten Geistes in kosmische Weiten. Tod als unpersönliche, aber harmonische Rückkehr in den energetischen Ozean des Universums. Tod als Naturgesetz, das ein vernünftiger Mensch illusionslos zu akzeptieren hat. Tod als Übergang in ein mehr oder weniger befremdliches Jenseits mit einer nunmehr geisterhaften Fortexistenz. Tod als ersehnte Ruhe ohne weitere Belästigung durch Mitmenschen oder Gott. – Bei aller Findigkeit: Man weiß *nichts* über den Tod. Niemand kennt ihn. Man weiß um das Ende, man weiß um das Sterben, aber man weiß nichts über den Tod. Hier steht der Mensch, ob gläubig oder nicht, vor einem absoluten Rätsel.

Das Grab als Schlusspunkt

Was der Tod ist, kann auch das Glaubensbekenntnis nicht sagen. Deshalb ist es gezwungen, ihn zunächst einmal – ähnlich wie viele andere Texte aus unterschiedlichen Epochen und Kulturen – sozusagen von außen zu betrachten. Es wird nur kurz und bündig festgestellt, dass Jesus »begraben« wurde.

Im Grab endet der irdische Weg eines Menschen, und am Grab gilt es, sich von ihm zu verabschieden. Tote gehören nicht mehr der Sphäre gewohnter Vitalität an. Es ist sinnlos, sie wie Lebende zu behandeln. Die gewohnte Beziehung zu ihnen ist abgebrochen. Sogar für die alten Ägypter, wahre Experten in Sachen Grab und Bestattung, stand fest, dass die Toten in »schwieriger Lage« sind und »unbeweglich« alle Gestorbenen (Bernhard Lang).

Der Blick auf den toten, dann begrabenen Gekreuzigten zeigt, dass Jesus ein Mensch war wie wir alle. Es gab für ihn keinen Sonderweg; er starb wirklich. Das Felsengrab verschlingt ihn. Ein schwerer Rollstein besiegelt sein Ende nach damalig jüdischer Sitte. Von einer Art »Seelenwanderung« ist im Neuen Testament nirgendwo die Rede. Auch für Jesus stand nur eine einzige, höchst persönliche, aber knapp bemessene Zeitspanne zur Verfügung. Damit ist freilich jede Minute seiner Tage als unendlich kostbar qualifiziert. Jeder irdische Lebensweg bietet eine einmalige Chance; er führt zum Wesentlichen – oder verfehlt es. Wie leichtfertig gehen viele mit dem kostbaren Gut menschlicher Lebenszeit um, und sei es die eigene.

Jesu irdisches Dasein ist jedenfalls vorbei, und er teilt mit uns das Grabesschicksal. Mit diesem sehr sachlichen Vermerk endet der Rückblick auf die wenigen, im Glaubensbekenntnis genannten Daten seiner Biografie. Ein Grab hat wenig Tröstliches. Zwar hilft es zu trauern, doch es hängt an ihm ein dumpfer Verdacht: Mit dem Tod könnte tatsächlich alles aus sein. Ein Beweis für das Weiterleben »danach« ist mit den Mitteln forschender Vernunft nicht zu erbringen. Über dieses Faktum sollte niemand vorschnell hinweggehen.

Bleibt nur, der düsteren Prognose zum Trotz, die letzte Ruhestätte Jesu doch in einem günstigeren Licht zu sehen? Ein spätbarockes Andachtsbüchlein tut das jedenfalls:

Ein Felsen-Klufft
Ist deine Grufft,
Worinn dein Leichnam liget;
Weil du alles Ungestümm,
Als ein Fels, besieget.

Gang ins Totenreich

Obwohl über das »Jenseits« nichts in Erfahrung zu bringen ist und sich der Blick auf Jesus am Grabesfelsen bricht, macht das Glaubensbekenntnis nun eine äußerst überraschende Bemerkung: Jesus sei »hinabgestiegen in das Reich des Todes«. Es muss sich um ein gewaltiges Reich handeln; Schätzungen zufolge gibt es bis zur Stunde ungefähr einhundert Milliarden Tote …

Als das Christentum entstand, kursierten lebhafte Vorstellungen von diesem volkreichen Imperium. Am bekanntesten dürfte die Mythologie der alten Griechen gewesen sein, die von denkwürdigen Gestalten erzählt. Einigen von ihnen war der Zutritt zum Totenreich ausnahmsweise gestattet worden, obwohl sie noch lebten – dem gebeutelten König Odysseus zum Beispiel. Das Gebiet, das er betritt, der Hades, galt als ausgesprochen düster: Ein Fluss grenzt ihn strikt vom Bezirk der Lebenden ab. Ein grauenhafter fünfzigköpfiger Hund, Kerberos genannt, bewacht den Zugang. Die Verstorbenen dämmern als kraftlose Schatten vor sich hin und ducken sich unter ein mitleidloses Götterpaar.

Der Hades ist kein Ort, nach dem man sich sehnt, und hätte man eines Tages gehört, jemand Mächtiger – ein Mächtigerer als die Totenherrscher – sei in die Unterwelt vorgedrungen, um die Schatten ins Licht der Sonne zurückzuholen, so wäre das eine unglaubliche Sensation gewesen. Genau das aber – und weitaus mehr – verkündeten die ersten Christinnen und Christen ihren Zeitgenossen.

Man weiß, dass gerade die Botschaft von der endgültigen Entthronung der Todesmacht zu vielen Bekehrungen geführt hat. Die antike Bilderwelt eignete sich gut für die neue Lehre. Noch heute beeindrucken ostkirchliche Ikonen, die Jesus im Felsenlabyrinth der Unterwelt zeigen. Er streckt seine Hände aus und zieht die nunmehr Überglücklichen nach oben.

Handelt es sich auch hier um Mythologie? Die Frage ist berechtigt, darum sei ein kurzes Wort über das Mythologische an sich gesagt:

Auf Mythen hat der große Philosoph Platon zurückgegriffen, wenn er Hintergründe beleuchten wollte, die der Verstand zwar erahnt, aber nicht beschreiben kann. In dieser Weise spricht der Philosoph vom *Tartaros*, einer Art Filiale des Hades, in den die schlimmsten Verbrecher gehen ohne Hoffnung auf Wiederkehr. Platon weist damit auf die absolute Notwendigkeit hin, dass sich der Mensch im Guten üben müsse, weil er anders keine Zukunft hat.

Und Jesus, hinabgestiegen in das Reich des Todes?

Wenn Jesus als »der Sohn« wahrer Gott ist, und wenn er mit der todgeweihten Menschheit das Grabesschicksal teilt, dann herrscht der lebendige, wahre Gott auch in der Unterwelt. Dann wird aus dem *Toten*reich *Gottes*reich und es bewahrheitet sich, was die Frommen Israels von früh an gehofft hatten: Gott wendet alles zum Guten. Selbst die finstersten Gedanken, zu denen der Tod verleiten kann, werden kraftlos vor ihm: »Würde ich sagen, Finsternis soll mich bedecken, statt Licht soll Nacht mich umgeben, auch die Finsternis wäre für Dich nicht finster, die Nacht würde leuchten wie der Tag, die Finsternis wäre wie Licht« (Ps 139,11-12).

Mythos Hölle?

Hat Platons Tartaros in der christlichen Höllenvorstellung eine Parallele? Das Christentum lehrt in der Tat die Ewigkeit der Höllenfinsternis – doch als *Möglichkeit*. Damit ist die Reichweite der freien menschlichen Entscheidung unterstrichen. Denn kann jemand gegen seinen Willen ins Gottesreich eingehen? Auch tritt so die unbedingte Geltung göttlicher Gerechtigkeit ans Licht, welche davor bewahrt, dass die böse Tat bagatellisiert wird. Aber – wenn denn der Mythos hilft, klarer zu sehen, dann sei er auch hier willkommen:

Vielleicht ist in der Hölle nur die Sünde als giftige, graue Masse anzutreffen, nicht der sündige Mensch, der ihr mit brutaler Wucht ausgeliefert war …

Und vielleicht hat Jesus gerade in der Hölle den untersten Platz eingenommen, so dass tiefer als er niemand zu fallen vermag …

Und vielleicht hat sich der Gekreuzigte in eigener Person als eine Art Lösepreis dargeboten, damit alle anderen frei kommen. Vielleicht …

Ein bedenkenswertes Wort über die Hölle: »Sie ist der Irr-Sinn der Nichtannahme des Angenommenseins« durch Gott (Gerhard Ludwig Müller).

Zur Diskussion

Wer hat das letzte Wort über den Menschen? Der Tod oder das Leben? Die Schuld oder die Vergebung? Das Sein oder das Nicht-Sein?

Wo sind sie, die Toten, die geschätzten hundert Milliarden? Für immer verloren? Unerreichbar? Unerlösbar? Mit den Lebenden unsolidarisch geworden wider Willen? Unempfänglich? Unempfindlich?

Ist in der Unterwelt nichts mehr von Belang?

Wenn am Ende nichts mehr von Belang ist, dann war auch vorher nichts von Belang. Dann ist überhaupt nichts von Belang. – Wer hält ein solches Denken durch?

Ich glaube an Jesus Christus …
begraben, hinabgestiegen in das Reich
des Todes, auferstanden am dritten Tag,
aufgefahren in den Himmel

Sperrige Aussichten

Umfragen belegen es in stabiler Regelmäßigkeit: Auch viele Katholikinnen und Katholiken glauben eher an die Seelenwanderung als an die Auferstehung Jesu von den Toten. Zu gewagt, zu unwahrscheinlich, ja naiv mutet diese Botschaft an. Hingegen die Seelenwanderung. Sie könnte zumindest erklärlich machen, warum die Schicksale so unterschiedlich sind: Viele neue Lebenschancen gleichen einander aus, so dass niemand zu kurz kommt und niemand nur Vorteile hat. Eine (nicht ganz) so neue Strömung aus dem Bereich der Naturwissenschaften, die inzwischen weithin das öffentliche Bewusstsein prägt, wehrt religiöse Vorstellungen grundsätzlich ab: In der Welt geht alles mit rechten Dingen zu. Was sich nicht oder noch nicht auf der Basis von Versuch und Irrtum nachweisen lässt, kann nicht real sein. Wie also soll ein auferstandener Gekreuzigter in ein modernes Weltbild passen?

Spitzensatz

Das Bekenntnis zur Auferstehung Jesu Christi – die Osterbotschaft – steht im Zentrum des christlichen Glaubens und bildet den Spitzensatz im Credo-Text. Alles andere ist Entfaltung, Ausdeutung, Konsequenz.

Der Osterglaube antwortet auf eine unabweisbare historische Herausforderung, für die es Zeugen gab: Frauen und Männer aus der Gefolgschaft Jesu, deren Namen zum Teil überliefert sind. Sie waren zunächst voller Angst und Verzweiflung, haben dann aber die Welt verändert. Sie hatten, berichtet das Neue Testament, »gesehen«, was sie dann kraftvoll verkündeten. Ostern ist – in einem ganz bestimmten Sinn – pure Realität. Doch der Reihe nach:

Was Ostern nicht ist

- die Wiederbelebung eines Leichnams, der ins irdische Leben zurückkehrt – das wäre absurd
- der gespenstische Auftritt eines Wesens aus dem Jenseits – das wäre banal
- die Wahnvorstellung einer enttäuschten Jüngerschaft – sie wäre bald verflogen
- ein ausgemachter Betrug der Anhängerinnen und Anhänger Jesu – so genial waren sie nicht
- ein Bild für das geistige Erbe Jesu – große Philosophien haben Ähnliches zu bieten
- ein Beispiel sprudelnder orientalischer Erzählfreude – dafür sind die Texte zu nüchtern

Was Ostern stattdessen ist

Wer die Osterberichte des Neuen Testaments aufmerksam liest, wird zunächst einmal feststellen, dass über das entscheidende Ereignis selbst nichts gesagt wird. Dieses Schweigen ist der Unfassbarkeit des Geschehens und der Zurückhaltung derer geschuldet, die mit ihm konfrontiert waren. Die Auf*erweckung* Jesu, die als seine Auf*erstehung* verkündet wird (man hat schlicht vom Alltag her gedacht: Wer geweckt wird, kann aufstehen), bleibt als Faktum vorausgesetzt. Stünde eine reißerische Reportage in der Bibel, wäre höchste Vorsicht geboten.

Berichtet wird allerdings von erstaunlichen Erlebnissen der Osterzeugen. Sie waren dem Auferstandenen *begegnet*, nachdem er sich – der griechische Bibeltext weist einen Spezialbegriff auf – »zu sehen gab« (Lk 24,34). Gemeint ist: Jemand, der bislang verborgen und damit unauffindbar war, zeigt sich nun. Verborgen war Jesus im Tod wie alle Verstorbenen dieser Welt; aber er tritt aus dieser Verborgenheit heraus. Und was *sehen* die Jüngerinnen und Jünger?

Sie sehen den in lebendiger Kraft, der qualvoll sterben musste und den man tief betroffen ins Grab gelegt hatte. Man wird wohl an die unbeschreibbare Wahrnehmung seiner neu erstrahlten persönlichen Aura denken müssen. Doch zum »Sehen« tritt das »Hören«: Der Auferstandene ruft die, die um ihn trauern, beim Namen. Durch den Tod werden Beziehungen gekappt; nun sind sie wieder aufgenommen. Der Auferstandene *redet*. Was redet er?

Er spricht nicht vom Sterben oder davon, wie das Sterben abläuft. Auch über das vielbemühte »Jenseits« und von dem, wie es dort zugehen mag, verrät er nichts. Der Auferstandene bleibt dem »Diesseits« und den »Lebenden« zugewandt: »Geht hinaus in alle Welt und verkündet das Evangelium allen Geschöpfen« (Mk 16,15).

Erster Akt der Auferstehung: Ich darf das Leben hier und jetzt als wunderbares Geschenk sehen. Zweiter Akt der Auferstehung: Ich darf mich sterbend in die Hände Gottes fallen lassen. So artikuliert sich das *österliche Evangelium*: Wenn ein Mensch stirbt, geht er zu dem, der ihn am meisten liebt. Bei ihm, dem Vater, wohnt auch der Auferstandene. Man muss nicht wissen, wie und wo; Jesu Wort genügt – und die Tatsache, dass er nach seinem Tod »gesehen« und »gehört« wurde.

Trotzdem sei noch einmal gefragt: *Was* sehen die Jüngerinnen und Jünger am Ostermorgen?

Sie sehen die Zukunft. Sie sehen an der Person Jesu, wie die Zukunft sein wird. Sie sehen die Zukunft des vollendeten Gottesreiches und die neue Welt, die daraus hervorgeht. Mit Ostern ändert sich *alles*. Es wäre geradezu läppisch anzunehmen, ein Gestorbener geistere durch eine Welt, die so bleibt, wie sie immer war. Um es ganz klar zu sagen:

Unter den natürlichen Bedingungen hier und jetzt – während das Gottesreich in Geburtswehen liegt – ist es undenkbar, dass ein Mensch, der gestorben war, wieder lebt. Aber genauso gilt auch umgekehrt: Im Reich Gottes, das Jesus verkörpert hat und das eines Tages mit Macht in Erscheinung treten wird, ist der *Tod* undenkbar. Und genau das »sehen« die Jüngerinnen und Jünger Jesu. Sie sehen mit Jesus, der sich als der Auferstandene zu erkennen gibt, die Vorzeichen einer kommenden Welt, in der alle Tränen abgewischt sind.

Zur Diskussion

Aus naturwissenschaftlicher Sicht wird vielfach bestritten, dass es Leben *nach* dem Tod oder Leben *im* Tod geben könne. Die Argumente sind stark: Wie sollen sich Selbstbewusstsein und Erinnerung, wie soll sich »Geist« äußern, wenn die körperlichen, zumal gehirnbiologischen Voraussetzungen fehlen?

Wenn jemand von daher den Osterglauben des Christentums ablehnt, ist das konsequent.

Aber kann die Naturwissenschaft behaupten, dass es grundsätzlich keine andere Welt als die hier und jetzt geben kann? Kann sie festklopfen, dass die Naturgesetze so, wie sie sind, für immer gelten?

Sie kann es nicht.

… **zum Beispiel** die Frage nach dem »leeren Grab«. Hat es die Auferstehungsbotschaft auf den Weg gebracht? Vermutlich. Aber ein leeres Grab sagt noch gar nichts. Der Leichnam Jesu könnte tatsächlich entwendet oder umgebettet worden sein. Oder man hat einfach nicht mehr genau gewusst, wo sich sein Grab befindet. Andererseits ist wohl kaum anzunehmen, dass die Vertrauten Jesu nicht genau beobachtet hätten, was mit seinen sterblichen Überresten geschah.

Angenommen, das Grab sei erwartungsgemäß belegt gewesen. Hätte man nicht sofort den toten Jesus herbeigezerrt und hämisch erklärt, es gebe nichts Neues unter der Sonne? Die Osterzeugen sahen mit der Person des Auferstandenen die neue Welt des vollendeten Gottesreiches. Sie bedeutet Harmonie für Körper, Seele und Geist, ungebrochenes, volles Leben. Darum verkündet das Christentum die Auferstehung des *Fleisches*: Der *ganze* Mensch, gleichsam mit Haut und Haaren, geht in die Liebe des Vaters ein. Das leere Grab Jesu ist ein ermutigendes Zeichen dafür, nicht mehr und nicht weniger.

… **zum Beispiel** die Frage, ob bei den Vertrauten Jesu, denen er sich als Auferstandener zu erkennen gab, noch Glaube notwendig war. Wenn nein, wären sie im Vergleich zu allen anderen Menschen privilegiert gewesen. Sie hätten gewusst statt geglaubt. Der Bericht über die Begegnung des auferstandenen Jesus mit dem skeptischen Apostel Thomas (vgl. Joh 20,24-29) nimmt diese Frage auf und bejaht sie: Auch die Osterzeugen mussten *glauben*. Denn der Glaube ist das einzige Maß für Gott. Nur wer glaubt, kann Gottes Handeln »sehen«.

Petrus, Maria von Magdala oder Thomas hätten ihre Begegnungen mit dem Auferstandenen ebenso irritiert wie entschieden abtun können. Sie wären zu ihrer früheren Lebensweise zurückgekehrt, um im gewohnten Trott von Freud und Leid das Ende ihrer Tage zu erwarten. Die scheinbare Selbstverständlichkeit einer Welt ohne Wunder behauptet sich nicht erst seit heute. Tag für Tag stellt sich das Problem des Glaubens neu: Ist es Zufall oder Gottes Fügung, wenn ich mit knapper Not einem schweren Unfall entgehe oder wenn ich einen lieben Menschen fürs Leben finde? Der Glaube bringt Klarheit, denn es ist schon so: Nur wer glaubt, kann Gottes Handeln »sehen«.

… **zum Beispiel**, warum die Auferstehung Jesu im Credo-Text dem »dritten Tag« zugeschrieben wird. Womöglich liegt eine historische Erinnerung vor. Aber es geht nicht um Chronometrie. Die »drei Tage« haben vor allem eine lehrhafte Bedeutung. Sie bestätigen noch einmal die Realität des Todes Jesu. Nach antiker Vorstellung ist am dritten Tag der Tod eines Menschen unwiderruflich. Doch aus jüdischer Sicht schwingt Hoffnung mit: Gott greift bei größter Not spätestens am dritten Tag ein; dann kommt die Wende.

Osterjubel

Christ ist erstanden von der Marter alle
Des solln wir alle froh sein
Christ will unser Trost sein
Kyrieleis

Wär er nicht erstanden
So wär die Welt vergangen
Seit dass er erstanden ist
So freut sich alles, was da ist
Kyrieleis

Halleluja, Halleluja, Halleluja
Des solln wir alle froh sein
Christ will unser Trost sein
Kyrieleis

Bayern/Österreich 12.-15. Jahrhundert

Am Festtag »Christi Himmelfahrt« bot sich früher in vielen Kirchen Süddeutschlands ein theatralisches Highlight dar: Mit Hilfe einer Seilwinde wurde eine Statue des Auferstandenen feierlich nach oben gezogen, bis sie in einer Öffnung des Gewölbes verschwand und einen Blumenregen auslöste. Weihrauch brannte dabei reichlicher als sonst und stieg in vollen Schwaden auf. Augen und Nase sollten nachempfinden können, was der Credo-Text zur Sprache bringt: Jesu Rückkehr zum himmlischen Vater.

Im Lukasevangelium ist die »Himmelfahrt« Jesu als Abschiedsszene zwischen ihm und seiner Jüngerschaft gestaltet: »Dann führte er sie hinaus in die Nähe von Bethanien. Dort erhob er seine Hände und segnete sie. Und während er sie segnete, verließ er sie und wurde zum Himmel emporgehoben; sie aber fielen vor ihm nieder« (Lk 24,50-52a).

Hätte man diese Szene mit den technischen Möglichkeiten von heute filmen, sie mit einem Smartphone einfangen und dann »posten« können? Darüber gab es vor einigen Jahren zwischen einem Theologen und dem für ihn zuständigen Bischof einen kuriosen Schlagabtausch. Der Theologe: Nein! Die Szene hat nie stattgefunden. Sie steht für persönliche Gemütszustände und spiegelt keine Fakten. Der Bischof: Ja! So war das damals, und es sei unerhört, den dokumentarischen Wert der biblischen Berichte in Abrede zu stellen.

Beide Sichtweisen verkennen die biblische Art und Weise, über Ereignisse zu berichten, die als wichtig gelten. Antike Geschichtsschreibung ist nicht Geschichtsschreibung im modernen Sinn. Heutzutage versucht man Daten zu sichern, um sie im Hinblick auf Ursache und Wirkung einander zuzuordnen, etwa so: »Die Ermordung des österreichischen Thronfolgerpaares 1914 in Sarajewo hat den Ersten Weltkrieg ausgelöst«. Nach antiker Denkart hingegen soll ein Stimmungsbild entstehen, das emotionale Nähe und persönliche Identifikation ermöglicht. Weltgeschichte wird so zu einer *je persönlichen* Geschichte. Es ist wie beim geselligen Blättern in einem alten Fotoalbum. Die Gesichter darin beginnen *zu uns* zu sprechen, wenn wir *über sie* sprechen. So entsteht – und schärft sich – Familiensinn.

Der Bericht im Lukasevangelium verfolgt ein ähnliches Interesse: Gesegnet wurden nicht nur die Jünger und Jüngerinnen von damals; gesegnet sind alle, die Jesus im Himmel wissen und sich nach ihm sehnen. Dass sie dabei nicht nur an sich selbst denken dürfen, mag mit dem Ortsnamen »Bethanien« angedeutet sein. Dort waren die Geschwister Maria, Martha und Lazarus daheim, die mit Jesus befreundet waren und sich nach seinem Tod neu orientieren mussten. Sie hatten wie alle Zeugen der ersten Stunde einen Ablöseprozess zu durchlaufen: Jesus lebt, ja! Aber die Art und Weise, mit ihm in Verbindung zu stehen, hat sich verändert. Sie können ihn nicht mehr wie zuvor in die Arme schließen. Er ist nicht mehr »nur« ihresgleichen. Er ist der »Herr« – und »sie fielen vor ihm nieder«.

Die Freunde müssen den Freund freigeben für *alle*. Denn der erhöhte Herr erfüllt mit seiner Zuneigung »Himmel und Erde« (Mt 28,18). Auf diese Weise ist er nach wie vor und intensiver denn je bei den Seinen – die durch ihn zu einer Familie verschmelzen und nie mehr aufhören werden, über *den* zu reden, der *zu ihnen* redet. Lässt sich Geschichte eindringlicher präsentieren? Könnten sie Filmaufnahmen realistischer, wahrer, richtiger schildern?

uō eurem trost
bem bir erlost

Ich glaube an …

Jesus Christus … er sitzt zur Rechten Gottes, des allmächtigen Vaters, von dort wird er kommen zu richten die Lebenden und die Toten

Ich glaube an Jesus Christus ... er sitzt
zur Rechten Gottes, des allmächtigen
Vaters, von dort wird er kommen
zu richten die Lebenden und die Toten

Bildernot

Wie soll es Platz zur »Rechten« des Vaters geben? Und wie kann Jesus bei Gott »sitzen«? Unsere Gesellschaft schaut ungern nach oben. Monarchien haben Unterhaltungswert, aber sie sind weitgehend entmachtet. Freiheit, Gleichheit, Brüderlichkeit: Das Erbe der französischen Revolution prägt – zum Glück – immer noch den demokratischen Geist Europas. Und Jesus selbst? Hat er in seinem Leben Herrschaftsansprüche geltend gemacht? Es sieht nicht danach aus. Dennoch versetzt ihn das Glaubensbekenntnis auf einen himmlischen Thron ...

Natürlich ist Bildsprache am Werk: Wer herausgehoben sitzt, hat Würde; wer herausgehoben sitzt, hat Souveränität. Weniger Bedeutende stehen oder belegen die Plätze weiter unten. Gekrönten Häuptern oder Kirchenoberen weist man heute noch herrschaftliche Stühle zu. Auch die ungekrönten Häupter in den oberen Etagen der Großkonzerne beziehen ihre Autorität, weil sie Vorstandsvor*sitzende* oder Aufsichtsratsvor*sitzende* sind.

Ganz klar, es geht um Macht und Vollmacht – auch im Blick auf *Jesus*. Der Kontrast zwischen dem anspruchslosen Wanderprediger aus der Provinz, der wie ein Verbrecher starb, und der Herrschergestalt im himmlischen Thronsaal Gottes ist allerdings gewollt. Er lotet die Spannbreite aus, die sich in der Persönlichkeit Jesu findet. Denn so einfach ist es nicht mit ihm. Der sanfte, harmlose Jesus? Schnell wird Kitsch daraus. Der über die Maßen Erhabene, bereit zur Abrechnung und zum Strafen? Man hat erlebt, wie leicht sich diese Vorstellung in Härte und Grausamkeit verkehrt; es hat dem Christentum nicht gut getan …

Für den Apostel Paulus ist Jesus ohne jede Frage majestätischer *Herr* und *Meister*, doch sein Thron ist auf Demut und Hingabe gebaut:

»Er erniedrigte sich und war gehorsam bis zum Tod, bis zum Tod am Kreuz. *Darum* hat Gott ihn über alle erhöht, und ihm den Namen verliehen, der größer ist als alle Namen, damit alle im Himmel, auf der Erde und unter der Erde ihre Knie beugen vor dem Namen Jesu und jeder Mund bekennt: Jesus Christus ist der Herr – zur Ehre Gottes des Vaters« (Phil 2,8-11).

Jesus *herrscht* also, bekennt der Glaube von ihm. Er herrscht *mit* Gott und *wie* Gott. Er herrscht als »Sohn«, der dem Vater in nichts nachsteht, weil er alles von ihm empfängt. Doch ist der historische Jesus wirklich mit dem thronenden Christus identisch?

Jahrhundertelang wollte man *nur* den thronenden Christus sehen. Machthaber in Kirche und Welt betrachteten sich als seine irdischen Stellvertreter; so konnten sie selbst herrschen, Opposition niedrig halten und unbedingten Gehorsam einfordern. Dieser Anspruch verliert sich heute in einem veränderten öffentlichen Bewusstsein. Der Emanzipationsschub, den das Zeitalter der Aufklärung gebracht hat, ist unumkehrbar. Nach dem englischen Denker John Locke braucht jedes Individuum volle Unterstützung in mindestens drei Grundbedürfnissen, und kein Herrscher, kein Parlament, kein Konzern darf sie untergraben: Recht auf Leben, Recht auf

Freiheit, Recht auf Eigentum. Es handelt sich um »angeborene, unantastbare und unveräußerliche Ur-Rechte, die dem Menschen als Menschen zukommen« (Manfred Geier).

Wer den thronenden Christus im Licht der unbedingten Menschenliebe Jesu betrachtet, sieht sofort, dass sein österliches Königtum zur Entfaltung der persönlichen Würde aller dient: Sein Tod »für uns« und seine Auferstehung »am dritten Tag« preisen das Wunder des Lebens. Der Entschluss, ihm nachzufolgen, schließt inneren und äußeren Zwang aus. Und jeder Mensch gehört zunächst einmal sich selbst als allerwichtigstes Eigentum. Nichts darf ihn versklaven, nichts erniedrigen. Gegen alles Dämonische – dem jede Form der Selbstbestimmung zuwider ist – hat Jesus einen lebenslangen Kampf geführt.

Wenn das Glaubensbekenntnis die *Erhöhung* des *Gekreuzigten* verkündet, hebt es alle Werte auf den Thron, die der irdische Jesus vorgelebt hat. Mit Ostern sind sie gleichsam als Grundgesetz des Gottesreiches öffentlich und weltweit proklamiert worden. Zwar ist niemand in der Lage, diesem Anspruch voll gerecht zu werden. Dazu bedarf es der grundlegenden Veränderung gegenwärtiger Lebensverhältnisse, wie sie von »der Rechten des Vaters« ausgehen wird. Aber die Marschrichtung steht fest. »Wir müssen«, mahnt Paulus, »die Schwäche derer tragen, die schwach sind und dürfen nicht für uns selbst leben. Jeder von uns soll Rücksicht auf den Nächsten nehmen, um Gutes zu tun« (Röm 15,1-2).

Höchste Werte also sind mit Jesus auf den Thron gehoben. Und sie werden sich durchsetzen. Denn mächtig ist, wer das *letzte* Wort hat.

Die Überzeugung, dass Jesus in naher oder ferner Zukunft als Weltenrichter erscheinen wird, ist inzwischen selbst in frommen Kreisen verblasst. Dabei stand die Hoffnung auf den »Tag des Herrn« im Mittelpunkt der frühchristlichen Spiritualität: »An jenem Tag wird sich der Himmel im Feuer auflösen, und die Elemente werden im Brand zerschmelzen. Dann erwarten wir, seiner Verheißung gemäß, einen neuen Himmel und eine neue Erde, in denen die Gerechtigkeit wohnt« (2 Petr 3,12-13).

Woran kann es liegen, dass diese Aussicht kaum noch jemanden kümmert? Es muss sich um eine eingefleischte Gewohnheit handeln, die zum hartnäckigen Vorurteil geworden ist: Wie all die Tage gestern und heute, so wird es auch morgen und übermorgen sein. Es ist unglaublich schwer, sich diesem Gemütstrott zu entziehen. Der Mensch hat die Neigung, den Ist-Zustand für unvergänglich zu halten. So verliert er die Veränderung und das unerhört Neue aus den Augen. Doch darauf läuft die Zeit hinaus und sie bringt – biblisch gedeutet – das Gericht.

Es *gibt* also das Gericht, und das heißt, es gibt – für uns, für mich – Verantwortung. Es gibt Pflicht und Schuldigkeit. Es wird Rechenschaft gefordert für alles, was jemals in klarer Absicht gedacht, gesagt, getan oder nicht gedacht, nicht gesagt und nicht getan wurde. Es gibt das Gericht, weil es Gut und Böse gibt. Deshalb bedarf es der Gerechtigkeit.

Allerdings gibt es noch Größeres als die Gerechtigkeit, nämlich die Aussicht, *gesegnet* zu werden. Denn ein *Segen* wird sie sein, die Zukunft, auf die wir zugehen, ein Segen auch das Gericht. Voller Freude haben die ersten Christinnen und Christen die Wiederkunft des Herrn nicht nur in seiner Eigenschaft als Richter, sondern auch als Retter und Vollender erwartet.

Das Mittelalter freilich zitterte vor dem großen Tag. Diese Angst hatte mit dem damaligen Gerichtswesen zu tun. Die Richter waren hart, die Beschuldigten weitgehend schutzlos, die Strafen drakonisch. Es ging um Vergeltung. Und oft genug diktierte das Interesse der Mächtigen den Prozesshergang. Gerechtigkeit blieb auf der Strecke.

Zur schieren Perversion des staatlichen Gerichtswesens hat in unserem Land die nationalsozialistische Gewaltherrschaft geführt. Beklemmende Bilder steigen auf: Ein brüllender Vorsitzender schüchtert die Angeklagten ein und setzt sie herab. Bleischwer lastet die tödliche Doktrin der Menschenverachtung auf dem fanatisierten oder lethargischen Publikum.

Mit der Anspruchsmentalität westlicher Wohlstandsgesellschaften sehen sich Gerichte bisweilen in eine ganz andere Rolle gedrängt: Der Gang vor den Kadi soll den kleinbürgerlichen Egoismus bedienen. Wie wird eine solche Entwicklung unsere Gesellschaft verändern? Dass mit dem Ausbau von Rechtssystemen und Prozessordnungen das menschliche Zusammenleben grundlegend kultiviert und humanisiert worden ist, steht außer Frage. Doch der juristische Zugriff hat seine Grenzen. Das letzte Wort über einen Menschen bleibt ihm verwehrt …

Das letzte Wort über den Menschen spricht – durch den wiederkommenden Christus – Gott allein. An seine Stelle darf nichts anderes und niemand anderer treten; nicht der Staat, nicht die Gesellschaft, kein Cyber-Mobbing, keine Ideologie. Das letzte Gericht, genannt das »Jüngste Gericht«, liegt mit gutem Grund in Gottes Händen, denn der Mensch ist zu klein, um über seinesgleichen ein Urteil zu fällen. Vor allem fehlt ihm jene letzte, unbedingte Liebe, die notwendig ist, wenn sich jemand öffnen und verantworten soll.

Aufrichtige und aufrichtende Liebe

Das Johannesevangelium formuliert: »Gott hat seinen Sohn *nicht* in die Welt gesandt, damit er die Welt richtet, sondern damit die Welt durch ihn gerettet wird« (Joh 3,17). Gemeint ist:

Gott hat seinen Sohn nicht gesandt, damit er die Welt *verurteilt*, sondern sie für »gut heißt«, sie *segnet*. Hier ist es wieder, das große Zauberwort: Segnen, *benedicere* – das lateinische Verb trifft die Sache genau. Segnen heißt gut zusprechen, das Beste wünschen, bewahren, retten, Wohlwollen schenken. So richtet *Gott* – und das zeigt er im *Sohn*. Gottes Gericht ist gerecht, weil es dem *Menschen* gerecht wird, der nur durch Liebe aufblüht.

Besorgter Einwand: Wenn am Ende der Segen triumphiert und alles gut ausgeht – bleibt dann noch der Ernst persönlicher Verantwortung? Wer hier Bedenken hat, vergisst, dass die Liebe eine reinigende, verändernde, unbestechliche Kraft ist. Sie geht den Dingen auf den Grund. Sie ist beharrlich und nachhaltig. Am »Tag des Herrn« wird sich zeigen, wie sehr wir hätten lieben *können* und wie wenig wir tatsächlich geliebt *haben*. Es ist also keineswegs bedeutungslos, was wir tun oder versäumen.

Im Übrigen lebt es sich sehr viel leichter, wenn mit dem kommenden Gericht ernsthaft gerechnet wird. Man wird gelassener: Bei *Gott*, nirgendwo sonst, ist das Gericht. So kann ich authentisch bleiben. Es gibt keinen Grund, mich zu verstellen. Darum sei allen, denen die Verheißung des Apostolischen Glaubensbekenntnisses am Herzen liegt, zugerufen: Stehe zu deinen Schwächen. Stehe zu deinen Fehlern. Vertusche sie nicht. Kaschiere sie nicht. Rede sie nicht klein. Sei, wie du bist – dann kannst du dich selbst annehmen und ohne Gesichtsverlust verändern. Das kommende Gericht, was für ein Segen geht von ihm aus!

Zur Diskussion

Es gehört zur christlichen Hoffnung, dass die schmerzhafte Selbsteinsicht zu einer von Gott bewirkten, notwendigen Läuterung führt. Aus der Hoffnung darf aber nicht ein sicheres oder gar leichtfertiges Kalkül werden (Herbert Vorgrimler).

Nach Mt 25,31-46 wird beim Gericht das Vertrauen in Jesus sowie – auch unabhängig davon – praktizierte Nächstenliebe den Ausschlag geben.

Ich glaube an …

den Heiligen Geist, die heilige katholische Kirche

Namenlose Begeisterung

Nach christlicher Lehre ist der Heilige Geist zusammen mit dem Vater und dem Sohn der eine Gott. So etwas zu glauben, erst recht zu erklären, bleibt schwierig. Dazu kommt: Vom Heiligen Geist wissen die Wenigsten etwas, und wenig wurde in der Kirche getan, um eine Spiritualität zu fördern, die auf ihn setzt. Andachten und Wallfahrten wenden sich an Maria oder Jesus, nur selten an den Heiligen Geist. Allerdings spielt das Wort »Geist« eine große Rolle im Alltag, ganz unabhängig vom Glauben: Wer möchte nicht geistreich sein und geistvolle Bemerkungen machen? Niemandem gefällt es, für geistlos gehalten zu werden. Im sozialen Umfeld – in der Schule, am Arbeitsplatz, im Freundeskreis – kann ein guter Geist, aber auch Ungeist herrschen. Geschliffene Worte über den Gottesgeist hat man immer schon in der Philosophie gehört, wenn es um das Große und Ganze ging. Geist wird vielfach eingefordert, doch was lässt sich über den *Heiligen Geist* sagen?

Der Heilige Geist und Gott

Johann Wolfgang von Goethe lässt den zweiten Teil seiner berühmten Dichtung über Doktor Faust mit folgender Szenerie beginnen:

»Faust steht im Hochgebirge, vor Sonnenaufgang. Er erwartet die Sonne, und sie ist ihm Sinnbild des Göttlichen. Wie ersehnt er ihr Licht! Er möchte hineinfliegen, möchte es unmittelbar anschauen, all seines Glanzes teilhaft werden. Nun erhebt sich die Sonne über die Gipfel – und er kann ihren Glanz nicht ertragen, er blendet ihm die Augen. Ist das Göttliche ihm versagt? Ist es ihm völlig unmöglich, es anzuschauen? Er muss die Blicke von der Sonne abwenden, aber eben nun fällt sein Auge auf die Landschaft. Vorher war sie dunkel und tot, jetzt ist sie voll leuchtender Farbe. Über dem Wasserfall glänzt im feuchten Dunst ein bunter Regenbogen. Dieses Farbenspiel wäre nicht ohne die Sonne, aber es ist nicht die Sonne selbst. Es ist ihr Abglanz in den irdischen Dingen« (Erich Trunz).

Auf die Sonne haben auch große Theologen des kirchlichen Altertums verwiesen, wenn es um den Heiligen Geist ging, zum Beispiel Basilius der Große: Niemand kann direkt in die Sonne schauen; sollte es mit Gott, dem allmächtigen Vater, anders sein? Sonnen*strahlen* aber sind als Naturschauspiel immer wieder zu beobachten. Golden und zart brechen sie zwischen den Wolken hervor und legen auf die Silhouetten einen zauberhaften Glanz. Basilius denkt an Jesus, Gottes Lichtgestalt, die von vielen Menschen beobachtet und erlebt worden ist. Wer freilich in die Sonne hinausgeht, um einen schönen Tag zu genießen, spürt ihre Wärme unmittelbar auf der Haut.

Die Sonne selbst, ihre Strahlen, ihre Wärme – ein für die Erde lebenswichtiges Kraftfeld. Der Vater, der Sohn, der Heilige Geist – der eine und einzige Gott.

So selbstverständlich sich das Leben auf der Erde im Licht und in der Wärme der Sonne abspielt, so selbstverständlich bewegt sich der Mensch im Heiligen Geist. Deshalb macht er sich kaum Gedanken über ihn. Aber der Geist *wirkt*, denn er ist *schöpferischer* Geist. Er trägt das All und die Abgründe darin. Von ihm kommt das Denken, das Empfinden, das Urteilen, das Handeln. Und da er als Schöpfergeist den geschaffenen Geist fortwährend inspiriert, kommt von ihm das weise Denken, das feinfühlige Empfinden, das treffende Urteil, das angemessene Handeln. Doch damit allein begnügt sich Gottes Geist nicht. Er sorgt dafür, dass wir Erwartungen haben, immer wieder Erwartungen …

Göttliche Ekstase

Der Heilige Geist ist der *verschenkte*, immer schon und für immer dienstbare Gott. Gott als Gabe. Gott als Lebensgrundlage. Gott als Schutzraum und Heimat. Niemand hat Gott je gesehen, doch alle zehren von ihm – gleich, ob sie ihn suchen, leugnen oder gleichgültig beiseite lassen. Gott ist Liebe. Und der Heilige Geist ist Gottes *überfließende* Liebe.

Für Bischof Augustinus, der sich wie sein etwas älterer Kollege Basilius ein Leben lang denkend und betend mit dem biblischen Gottesbild auseinandergesetzt hat, verdichtet sich im Heiligen Geist die Liebe zwischen Vater und Sohn. Dem Kirchenlehrer war aufgegangen, dass der eine und einzige Gott als Vater Liebender, als Sohn Geliebter und als Heiliger Geist die Liebe selbst sei. Von daher lässt sich getrost auf den Heiligen Geist übertragen, was der Apostel Paulus über die Liebe an sich schrieb:

»Die Liebe ist langmütig, die Liebe ist gütig, sie ereifert sich nicht, sie prahlt nicht, sie bläht sich nicht auf. Sie handelt nicht ungehörig, sucht nicht ihren Vorteil, lässt sich nicht zum Zorn reizen, trägt das Böse nicht nach. Sie freut sich nicht über das Unrecht, sondern freut sich an der Wahrheit. Sie erträgt alles, glaubt alles, hofft alles, hält allem stand. Die Liebe hört niemals auf« (1 Kor 13,4-8a).

Jesus und der Geist

Historisch gesehen steht fest, dass Jesus nicht den Heiligen Geist, sondern die Gottesherrschaft angekündigt hat. Historisch ist aber auch die Erfahrung, dass sich die junge Gemeinde nach Jesu Tod und Auferweckung von einer geheimnisvollen Kraft befeuert wusste, die zwar vom erhöhten Jesus ausging, aber nicht mit ihm identisch war. Christus hatte sie vom Vater »empfangen«, um sie anschließend »auszugießen«, wie in der Apostelgeschichte interpretierend und anschaulich formuliert wird (Apg 2,33).

Historisch gut nachvollziehbar ist weiter, dass der Jüngerkreis nach Jesu Hinrichtung ein schmerzliches Vakuum verspürt haben muss, nachdem ihm seine bisherige Mitte – der Herr und Meister – weggebrochen war. Dass mit einem Mal aus einer Situation der Verzweiflung neuer Mut, ja tatkräftige Freude hervorbrach, darf als starkes Indiz für die urchristliche Geisterfahrung gelten. Doch war »Geist« nicht schon spürbar gewesen, als Jesus öffentlich auftrat und lehrte?

Davon sind die Evangelien überzeugt. Deshalb blicken sie – von Ostern aus – zurück und erinnern an einen Jesus, der tatsächlich »erfüllt vom *Heiligen Geist*« (Lk 10,21) die Gottesherrschaft proklamiert hatte. Nun ließ sich nachempfinden, in welcher Verbindung der Geist zu Jesu Empfängnis und Geburt stand, wie dieser bei seiner Taufe vom Geist bestärkt worden war, wie Geist freigesetzt wurde, als Jesus Kranke heilte, Dämonen austrieb, an Gräbern den Sieg des Lebens verhieß und so den Willen Gottes zu erkennen gab.

Kein Zweifel: Von Jesus war schon zu Lebzeiten »Geist« ausgegangen wie von allen segensreichen Menschen der Weltgeschichte. Dass es *Gottes* Geist war, *Heiliger* Geist, der Himmel und Erde erfüllt, stellte sich mit umso größerer Klarheit heraus, als in Jesus der »Sohn« erkannt worden war.

Zu den ersten und prominentesten Zeugen dieses Erkenntnisprozesses gehört einmal mehr der Apostel Paulus. Er ist dem historischen Jesus nie begegnet, konnte aber – buchstäblich ein Geistesblitz – auf eine nachösterliche Vision verweisen, die ihm Jesu Bedeutung erschlossen hatte. Treffende Formulierungen in seinen Briefen waren die Folge, zum Beispiel: »Keiner kann sagen: Jesus ist der Herr!, wenn er nicht aus dem Heiligen Geist redet« (1 Kor 12,3).

Für den Apostel ist der Geist Gottes, des Vaters, immer auch der Geist *Christi*, Geist des *Sohnes*. Denn der Geist schenkt »Sohnschaft« für alle, die sich ihm öffnen. Gemeint ist das Glück nie geahnter Gottverbundenheit unabhängig von Herkunft, Stand und Geschlecht.

Die Religionen und der Geist

Begleitet der Geist Gottes ausnahmslos jeden Menschen? Das Christentum darf hier ein klares »Ja« sprechen. Gott ist einfach *Gott* – ohne jeden Zusatz, ohne jede Einschränkung, ohne dass irgendeine Bedingung zu stellen wäre. Gottes Geist verschenkt sich seit Anbeginn der Welt. Wo immer Wahres und Heiliges gedacht, gesagt und getan wird, lehrt das Zweite Vatikanische Konzil (es tagte von 1962 bis 1965), ist Gottes Heiliger Geist am Werk.

Dieser weite Horizont drängt Christen und Christinnen zum Dialog. Er muss mit Andersgläubigen in den großen Religionen, aber auch mit Frauen und Männern geführt werden, die dem Glauben gegenüber skeptisch sind oder atheistisch denken. Leicht fällt das nicht. Denn auf allen Seiten wird das Eigene hartnäckig verklärt. Und wie der Dialog, besonders das Gespräch zwischen den Religionen, gelingen soll, ist strittig. Christen und Christinnen sind jedenfalls dazu aufgerufen, andere Religionen genauso zu achten wie die eigene; leben und bezeugen aber können sie *nur* die eigene. Warum?

Weil ihnen bewusst sein sollte, dass der Geist Gottes – der alle Welt erfüllt und jeden Menschen erleuchtet – immer auch der Geist *Jesu Christi* bleibt. Eine allmähliche Umgestaltung der ganzen Menschheit kommt mit dem Heiligen Geist in Gang: Was krank und böse ist in ihr, wird zurückgedrängt, das Gute und Heilsame vollendet. Da auch andere Religionen auf ihre Weise an diesem Prozess mitwirken, dürfen sie mit gutem Recht als Organe des Heiligen Geistes betrachtet werden. Doch es gilt auch: Wenn eine Religion – das Christentum mit eingeschlossen – das Gute und Heilsame verdeckt, weil sie fanatisch, ideologisch oder hasserfüllt agiert, dann wird der Geist diese Verzerrung an den Tag bringen: durch die Veränderung der Zeiten, durch hellsichtige Persönlichkeiten, durch die Beharrlichkeit der Liebe.

Der Geist in mir persönlich

Papst Benedikt XVI. hat einmal gesagt, es gebe so viele Wege zu Gott wie einzelne Menschen. Das ist ein tiefes Geheimnis, denn nur Gott allein weiß, was sein Geist in den Tiefen der Herzen wirkt. Im christlichen Wortschatz steht für die Beschreibung der göttlichen Weltzuwendung der Begriff *Gnade* bereit: »Gott geht in unverfügbar-freier Huld auf den Menschen zu, er bietet ihm ohne alle Voraussetzungen Freundschaft und Hilfe an, schenkt ihm Leben, verheißt größeres Leben, die Fülle des Lebens in Gemeinschaft mit sich und begleitet ihn auf dem Weg zu diesem Ziel« (Gisbert Greshake).

Durch das geistliche Leben ungezählter Christinnen und Christen über die Jahrhunderte hinweg hat sich ein Kriterienkatalog herausgebildet, der es erlaubt, das Phänomen der Gnade näher ins Auge zu fassen. Mit ihm wird bezeugt, dass …

- der Heilige Geist in den Herzen der Getauften wohnt, den Glauben weckt, die Liebe entzündet und die Hoffnung stärkt
- die Liebe des Heiligen Geistes nicht identisch ist mit der menschlichen Liebe, sie aber ganz und gar erfüllt
- der Heilige Geist zwar auf den freien Willen einwirkt, ihn aber bis ins Letzte respektiert
- der Heilige Geist das Empfinden schärft für die Unterscheidung von Gut und Böse
- der Heilige Geist zum rechten Beten führt, gerade wenn es schwer wird
- der Heilige Geist innere Reinigung bewirkt, Erleuchtung schenkt und den Menschen mit Gott vereinigt
- der Heilige Geist Heiligkeit verleiht und »heroischen Tugendgrad« (ein Glaubenszeugnis, das sich auf natürliche Weise nicht mehr erklären lässt)
- der Heilige Geist unser Ego weitet und Gemeinschaft stiftet
- der Heilige Geist umgekehrt durch die Gemeinschaft auf uns einwirkt

Zur Diskussion

Die »sieben Gaben« des Heiligen Geistes nach Jes 11,2 lassen sich als göttliche Gegeninitiative zu den »sieben Todsünden«, auch »Wurzelsünden« genannt, verstehen:

- Gegen den *Hochmut* steht die Weisheit auf, die um die gleiche Würde aller Menschen weiß.
- Gegen den *Geiz* und die Habgier kämpft die Einsicht, dass alle voneinander leben und aufeinander angewiesen sind.
- Gegen die *Ausschweifung* hilft der gute Rat, sich nicht selbst zu zerstören.
- Gegen *Zorn* und Wut rät die Stärke, schwere Situationen gelassen und gerecht durchzustehen.
- Der *Maßlosigkeit* hält der Geist die Gotteserkenntnis entgegen, die allein wahre Unendlichkeit schenkt.
- Statt *Neid* herrscht im Heiligen Geist Frömmigkeit, die bewirkt, sich selbst und anderen die Liebe Gottes zu gönnen.
- Wenn *Überdruss* am Heiligen oder am Leben selbst aufkommt, gibt Gottesfurcht die Gewissheit, dass Stimmungen nicht alles sind.

Ist der Ruf erst ruiniert …

In den letzten Jahren hat sich eine tief sitzende Abneigung gegen »die katholische Kirche« herausgebildet. Mit Vorwürfen wird nicht gespart: Kirche ist rückwärtsgewandt und dogmenverliebt; sie passt nicht in die Zeit. Sie ist ein Machtapparat ohne Herz, das Sagen haben nur Männer. Auf ihr Konto gehen schwere Vergehen im Lauf der Jahrhunderte: Kreuzzüge, Ketzerverfolgung, Hexenwahn, Kindesmissbrauch. Dazu kommt ein gebrochenes Verhältnis zum Geld, zur sexuellen Selbstbestimmung, zum demokratischen Denken. Die Kirche hält sich für allein seligmachend und schürt die Intoleranz. Hat Jesus die Kirche überhaupt gewollt? Führt sie zu Gott? Lässt sich der Glaube verwalten? »Die Kirche erwacht in den Seelen« hieß es noch vor nicht allzu langer Zeit (Romano Guardini). Sie ist dabei, in den Seelen zu sterben – so sieht es heute aus.

Kirche als Gottesvolk

Wie einfach wäre es, nichts und niemanden »heilig« zu nennen als Gott allein. Die Grenzlinien verliefen dann messerscharf: Hier das Heilige, geheimnisvoll Unberührte. Dort die Welt und ihre Bewohner, von denen die meisten alles andere als heilig, aber auch nicht einfach schlecht sind. Und dann könnte gelten: Wie die Gesellschaft so auch die Kirche. Gut und Böse halten sich die Waage, es kommt auf den Einzelfall an. Die Institution wäre entzaubert, ihr Versagen fiele weniger schwer ins Gewicht. Die Kirche könnte sich als Interessenverband für Gottsucher aller Art und als Hort weltanschaulicher Toleranz präsentieren; doch sie müsste vom hohen Ross herunter.

Das Glaubensbekenntnis erliegt der Versuchung, so zu denken, nicht.

Wäre nichts und niemand heilig als Gott allein, dann *bliebe* Gott auch mit sich allein. Zwischen ihm und der Welt stünde eine Wand wie aus Panzerglas. Gott im Museum, berühren verboten. Umgekehrt wäre es nicht anders: der Mensch unter Quarantäne, von seinem Schöpfer beäugt, aber auf Distanz gehalten. Mit der Bibel hat ein solches Bild nichts zu tun. Von Jesus, dem *Christus*, und vom *Heiligen Geist* zu reden, wäre sinnlos, es sei denn, man wollte diese Namen zu Chiffren religiöser Inbrunst erklären.

Dass die Kirche »heilig« genannt wird und auch heilig *ist*, liegt in der unfassbaren Wirklichkeit der göttlichen *Selbstmitteilung* begründet. Dieses theologische Kunstwort antwortet auf die Tatsache, dass es Gottbegegnung, Gotteserfahrung und Gottesgemeinschaft tatsächlich gibt, und zwar nicht nur in der privaten Innerlichkeit der Herzen, sondern öffentlich, vernetzt, sozial verfasst. »*Ein* Christ ist *kein* Christ« hat ein pfiffiger Kopf aus dem dritten Jahrhundert geschrieben (Tertullian). Recht hatte er. Wäre *ein* Mensch Mensch? Um der Menschen willen aber ist die Kirche da. Deshalb versammelt sie Menschen und eint sie. Und deshalb ist sie ein Volk – *Gottes* Volk.

Der momentane gesellschaftliche Trend fördert den Individualismus. Mit den bislang ungekannten Möglichkeiten des Internets und der inzwischen selbstverständlich gewordenen Mobilität liegt die Welt mit allen ihren Facetten den »Usern« gleichsam zu Füßen. Unbegrenzte Informationsflüsse suggerieren ebenso unbegrenzte Auswahlmöglichkeiten, die – von finanziellen und rechtlichen Konsequenzen einmal abgesehen – zu nichts verpflichten.

Die neue Art der Kommunikation scheint der ungehinderten Entfaltung aller zu dienen. Tatsächlich aber geschieht etwas ganz

Anderes, sehr Subtiles. Eine Gemeinde weltanschaulicher Singles entsteht. Werte und Überzeugungen werden relativiert, soziale Bindungen für austauschbar erklärt. Der Konsum und der Profit diktieren alles; dafür soll die Masse verfügbar sein, sei es in der Produktion, sei es als Kunde.

Damit der menschliche Sozialtrieb nicht zur Kumpanei eingeschworener Egoisten führt, setzt das Gottesvolk ein Zeichen: An ihm soll sichtbar werden, wie das Leben aussehen könnte, wenn nicht Konsum und Profit, sondern die Freude an Gott und dankbares Interesse aneinander die höchsten Werte sind. Zum Gottesvolk gehören Schwestern und Brüder, keine »Freunde«. Nicht nur wer »gefällt«, hat darin Bürgerrecht, sondern wer Gott im Herzen trägt und diesen kostbaren Schatz mit anderen teilen will. Das Gottesvolk bietet sich als geistlicher Schutzraum an und wird auf diese Weise politisch, das heißt, es wirkt auf die Gesellschaft ein.

Dass die Christenheit ihrer Würde, Gottesvolk zu sein, immer gerecht geworden wäre, ist damit nicht gesagt. Keine Frage: Es gab und gibt gewaltige Defizite. Wann zum Beispiel wird man in der Kirche aufhören, Formalismus und Konformismus höher zu bewerten als herzliche Menschenfreundlichkeit? Und wann wird man begreifen, dass die Kirche nur zusammen mit dem *Judentum* Gottesvolk sein kann? Hier bekundet sich ein biblisch tief verwurzelter Gedanke: Um der Welt den Frieden zu geben, den sie aus eigener Kraft nicht erreichen kann, hat Gott eine Gemeinschaft auf den Weg gebracht, deren tiefstes Interesse *er selbst* sein soll. Auf diese Weise bewährt sich die Hoffnung auf ihn im Alltag zwischenmenschlicher Achtsamkeit.

Jesus, der Jude war, wusste sehr genau um die hohe Berufung seines Volkes. Darum tat er alles, um neue Zeichen zu setzen: Er rief die »Zwölf« (die später Apostel heißen werden); denn ein Volk braucht Repräsentanten. Er bestätigte Israels Gesetz, dessen soziale Wärme er freilegte. Er teilte Brot und Wein mit denen, die ihm vertrauten; der gemeinsame Tisch hatte immer schon etwas sehr Verbindliches.

Nach Jesu Tod und Auferstehung hatten seine Jüngerinnen und Jünger die Mahlgemeinschaft mit ihm weitergepflegt und beim Brechen des Brotes erfahren, dass die Einheit mit dem Herrn buchstäblich in Fleisch und Blut übergeht. Deshalb ist die Kirche als Gottesvolk zugleich Christi »Leib«. Dass dieser Gedanke auf die jüdischen Glaubensgeschwister Jesu befremdlich wirkt, spaltet das eine Gottesvolk. Aber am Ende wird die Versöhnung stehen.

Heilige Kirche und Heiliges in der Kirche

Getaufte sind eng miteinander verwandt: Sie haben Gott zum Vater, Christus als Bruder, den Heiligen Geist als innere Kraft. So lebt die Kirche in der Wahrheit – die sie zwar niemals *besitzt*, von der sie aber getragen wird und herausgefordert bleibt. Es geht um die Wahrheit des Evangeliums. Diese ist der Heiligen Schrift, der Kirche als ganzer und den Herzen der einzelnen Gläubigen anvertraut, die füreinander einstehen sollen.

Der Apostel Paulus überlegt:

»Jedem wird die Offenbarung des Geistes geschenkt, damit sie anderen nützt. Dem einen wird vom Geist die Gabe geschenkt, Weisheit mitzuteilen, dem anderen durch den gleichen Geist die Gabe, Erkenntnis zu vermitteln, dem dritten im gleichen Geist Glaubenskraft, einem anderen – immer im gleichen Geist – die Gabe, Krankheiten zu heilen. Einem anderen Wunderkräfte, einem anderen prophetisches Reden, einem anderen die Fähigkeit, Geister zu unterscheiden, wieder einem anderen verschiedene Arten von Zungenrede, einem anderen schließlich die Gabe, sie zu deuten« (1 Kor 12,7-10).

Heilig ist die Kirche also in denen, die vom Geist *geheiligt*, das heißt mit göttlichen Gaben beschenkt sind. Niemand hat das Recht, sich selbst für heilig zu erklären. Und niemand ist ohne Fehl und Tadel. Auch das

Zur Diskussion

Soll die Kirche als »Volk Gottes« und »Leib Christi« erfahrbar bleiben, darf sie sich nicht wie ein Konzern gebärden.

Es kommt auf den Zusammenhalt in überschaubaren Gemeinschaften an.

Kirche gibt es »vor Ort« und »aller Orten«. Sie ist eine Sammelbewegung, ein Organismus, ein geistlicher Lebensraum, kein mystisches Warenhaus für Egoisten.

Gottesvolk verdankt sich nicht der eigenen Leistung. Doch Gott hört nicht auf, an ihm zu arbeiten. Genau darin liegt das Geheimnis der Kirche: Obwohl sie der Verrat höchst fehlbarer Menschen schon in den ersten Tagen ihrer Existenz gezeichnet hat, bleibt sie *heilig.* Der heilige *Gott* durchwohnt sie, um am Menschen das unglaublichste aller Wunder zu tun: das Wunder, sich zu verändern. Wäre es anders, könnte niemand je zur Kirche gehören.

Heilig ist die Kirche demnach auch, weil es *Heiliges* gibt in ihr, das sich *heiligend* auswirkt, und zwar:

- die unzerstörbare Treue Jesu, ihres Herrn
- die Gaben des Heiligen Geistes
- das Wohnrecht der Geheiligten beim Vater
- Gottes Wort, das die Kirche weltweit verkündet
- das überlieferte Glaubensgut, das ihre Unverwechselbarkeit ausmacht
- die Feier der Eucharistie und der übrigen Sakramente: Taufe, Firmung, Buße, Ehe, Weihe zum Dienst als Bischof, Priester oder Diakon, die Krankensalbung
- die in Gott verbürgten Tugenden des Glaubens, der Hoffnung und der Liebe
- die Gemeinschaft der Getauften selbst, die einander tragen und *er*tragen

Zur Diskussion

Tiefe Weisheit eines
Kalenderblatts:
Kirche – das bin ICH

aber:
nicht ohne Taufe
nicht ohne alle Getauften
nicht ohne den Altar
nicht ohne den Papst
nicht ohne den Bischof
nicht ohne die Fernstehenden
nicht ohne die Ungeduldigen
nicht ohne die Bremser
nicht ohne das Kirchenrecht
nicht ohne die Vergangenheit
nicht ohne die Toten
nicht ohne die Heiligen

nicht ohne DICH

Kirche katholisch

»Ich glaube an die heilige *katholische* Kirche« – protestantische Christen und Christinnen beten: »Ich glaube an die heilige, *christliche* Kirche«.

Diese Variante ist eine Folge der Kirchenspaltung im 16. Jahrhundert und der Zeit danach, als Konfessionen entstanden sind. Getaufte hatten damit begonnen, sich durch markante öffentliche Erklärungen voneinander abzugrenzen. Seitdem wird das aus dem Griechischen kommende Wort »katholisch« – will heißen: umfassend, grenzübergreifend – als eine Konfessionsbezeichnung für Gläubige verwendet, die sich im Gegensatz zu Protestanten institutionell mit dem Bischof von Rom, dem Papst, verbunden wissen. Es handelt sich um eine tragische Entwicklung.

Als das Apostolische Glaubensbekenntnis entstand, gab es weder Protestanten noch römische Katholiken, auch keine Orthodoxen griechischer oder russischer Prägung. Wer gläubig geworden war, bekannte sich zur *einen* Kirche Jesu Christi, in der es jahrhundertelang keine Konfessionen, wohl aber eine gemeinsame Identität mit verschiedenen Ausprägungen jeweils vor Ort gab. Die eine *katholische* Kirche lebte in Jerusalem und Rom, in Ägypten, Äthiopien oder Kleinasien (der heutigen Türkei), aber auch in Südfrankreich und Spanien.

Katholisch zu sein bedeutet zunächst, dass sich das Gottesvolk nicht als Sekte versteht. Kirche ist eine Sammelbewegung, und dieser Anspruch hat die ganze Menschheit im Blick. Die Sekte grenzt aus – das Katholische will den Dialog. Deshalb braucht die Kirche Horizont, Einfühlungsvermögen und Interesse an den Belangen »dieser Welt«.

Katholisch zu sein, das heißt aber auch, unbeirrt *kirchlich* zu denken. Denn der weite Horizont setzt das klare Bekenntnis zur göttlichen Gegenwart im Gottesvolk voraus. So greifbar-konkret die Persönlichkeit Jesu, des Messias Gottes war, so greifbar-konkret ist auch seine messianische Gefolgschaft. Die Kirche hat deshalb nicht nur das Recht, sondern auch die Pflicht zu sagen, woran sie konkret erkennbar bleibt und wie viel an »Institution« sie braucht, um klare Kante zu zeigen.

Für die römisch-katholische Christenheit ist im Papsttum und im Bischofsamt garantiert, dass die apostolisch geleitete Kirche des Anfangs mit der Kirche von heute identisch bleibt. Protestantische Getaufte betonen die Rolle der Predigt und der persönlichen Schriftlektüre, und orthodoxen Christen liegt es am Herzen, in Lehre und Disziplin mit den Kirchenvätern, den theologischen Größen des ersten Jahrtausends, in Einklang zu stehen.

Dass *alle* kirchlichen Gemeinschaften evangelisch, katholisch und orthodox (rechtgläubig) sein müssen, steht außer Frage. Sonst gäbe es Getaufte, die ohne das Wort Gottes auskämen. Oder Getaufte, die eine Sekte sind. Oder Getaufte, die den Glauben verfälschen. Undenkbar.

Aufgabe der *Ökumene* ist es, die universale Dimension der *einen* Kirche wiederzuentdecken, ohne konfessionelle Eigenarten abzuwerten. Die Verständigung auf einem möglichst kleinen gemeinsamen Nenner brächte allerdings wenig ein. Und wohlfeile Appelle bleiben so lange Gerede, bis sich die Bereitschaft zeigt, dass man voneinander lernt und gerechte Kritik erträgt. Im Übrigen muss um die – im ursprünglichen Sinn – katholische Einheit der Kirche Jesu Christi fortwährend gebetet werden. Sie kann nur göttliche Gabe, nicht das Produkt aktionistischer Jovialität sein.

Zur Diskussion

Wie wäre es,

- wenn sich die Konfessionen nicht selbst genügten, sondern alles daran setzten, in dem, was sie tun und glauben, ganz für die anderen da zu sein?

Wie wäre es,

- wenn Katholiken sagten, sie seien Katholiken stellvertretend für die Protestanten und Orthodoxen,
- und wenn die Protestanten sagten, sie seien Protestanten stellvertretend für die Katholiken und Orthodoxen,
- und wenn die Orthodoxen sagten, sie seien Orthodoxe stellvertretend für die Protestanten und Katholiken?

Proexistenz (liebende Fürsorge) nennt man das theologisch. Es war die Lebensweise und das Gebet Jesu.

Ich glaube an …

die Gemeinschaft der Heiligen und die Vergebung der Sünden

Heilige ohne Gott

Hermann Hesse schrieb 1904: »Seltsam, im Nebel zu wandern. Einsam ist jeder Busch und Stein. Kein Baum sieht den andern. Jeder ist allein«. Viele *wollen* allein sein – nicht ganz allein, geborgen zwar in einer Familie oder im Freundeskreis, aber doch unbehelligt vom scheinbar Fremden und von der Öffentlichkeit. So schleppt man die vertraute Welt im Smartphone wie ein Schneckenhaus auf Schritt und Tritt mit sich herum. Privat ist überall. Auf den sozialen Kontakt jenseits vom Touchscreen wird souverän verzichtet. Ein neues Lebensgefühl kündigt sich an. Ob es sich durchsetzt? Dass es ohne »Heilige« auskommt, wird man jedenfalls nicht sagen können. Idole haben Hochkonjunktur: Fußballasse, Popstars, Berühmtheiten aus der High Society. Sie zu verehren, macht selig; wofür sie wirklich stehen, interessiert nicht. Doch wehe, wenn jemand in die Mühlen der medialen Skandalisierung gerät, wehe …

Heilig gemacht – heilig gesprochen

Wer ein barockes Gotteshaus betritt und die vielen Heiligenfiguren hoch über den Bankreihen sieht, erahnt es: In der Kirche Jesu Christi gehören Lebende und Tote, Helden und Feiglinge, notorische Sünder und glorios Bekehrte untrennbar zusammen. Die Gemeinschaft der durch Glaube und Taufe Ge*heiligten* ist eine Gemeinschaft der Liebe, in der es keine Standesdünkel gibt. Trotzdem ist es nicht belanglos, ob ich sündhaft oder bekehrt, kleingläubig oder heroisch bin. Gegen Gleichgültigkeit und Gleichmacherei ist das Christentum allergisch.

Dabei geht es nicht um Moral. Es geht um das *Menschenbild*. Und zwar um die Frage nach der Wandlungs- und Entwicklungsfähigkeit der vernunftbegabten Kreatur, schlicht: um ihre Zukunft. Dem Neuen Testament zufolge kommt die Würde, »heilig« zu sein, mit der Taufe. Die Heiligen »aus Wasser und Geist« (Joh 3,5) dürfen wissen: Ich bin bedingungslos anerkannt von Gott. Ich habe Geltung vor ihm. Ich habe »Hausrecht« beim Vater. Ich – höchstpersönlich – bedeute ihm alles.

Der Apostel Paulus schreibt: »Ihr habt den Geist empfangen, der euch zu Söhnen (und Töchtern) macht, den Geist, in dem wir rufen: Abba! So bezeugt der Geist selbst unserem Geist, dass wir Kinder Gottes sind. Sind wir aber Kinder Gottes, dann auch Erben, wir sind Erben Gottes und Mit-Erben Christi« (Röm 8,15b-17).

In der Gemeinschaft der Heiligen hat keiner dem anderen etwas voraus. Profilierungssüchte und Neid sind unnötig, ebenso die Angst, zu kurz zu kommen oder nicht gut genug zu sein (dass es diese Gefühle dennoch gibt, ist ein Indiz dafür, wie schlecht das Evangelium gelebt wird und wie notwendig die Umkehrbereitschaft ist).

Allerdings steckt in jedem Menschen eine Menge unentfalteter Möglichkeiten. Nicht das Mittelmaß erwartet ihn, sondern die »Vollkommenheit«, wie man früher gerne gesagt hat. Dieses Wort ist für heutiges Empfinden schwer verdaulich. Die gebrochene Biografie wirkt interessanter als der gerade Weg. Beeindruckend ist die mit Fehlern behaftete, knorrige Persönlichkeit, die Ecken und Kanten hat. Aber wo steht geschrieben, dass Vollkommene nicht knorrig sein oder keinen verschlungenen Lebensweg haben dürften?

Wer in der römisch-katholischen und orthodoxen Kirche namentlich und feierlich heilig *gesprochen* wurde, also Vorbild und Adressat öffentlicher Verehrung ist, hat immer »Vergangenheit«. Hier tut sich ein gewaltiges Kaleidoskop faszinierender Lebensgeschichten auf, die zu studieren sich lohnt. Nichts Menschliches war den Heiligen fremd. Sie fielen und standen wieder auf, die Liste ihrer Irrungen und Wirrungen ist endlos. Was wäre die Kirche ohne Petrus und Paulus, ohne Maria aus Magdala, ohne einen Augustinus, einen Franz von Assisi, eine Teresa von Ávila, eine Frau wie Edith Stein?

Getaufte, die zu Vorbildern – zu »Heiligen« im offiziellen Sinn – erklärt worden sind, lebten das Evangelium sozusagen in Großbuchstaben. An ihnen wird sichtbar, was aus dem Menschen werden kann, wenn er sich in Gott festmacht. Heilige zeigen aber auch, wie unverbrüchlich heilig die *Kirche* ist, »auf deren Schoß« sie »alles gelernt« haben (Paul Claudel). Ihr Vertrauen in die *Mutter* Kirche war grenzenlos, auch wenn viele von ihnen mit der Obrigkeit ihre lieben Schwierigkeiten hatten. Im Gegenzug vertraut die Kirche ihren Söhnen und Töchtern, die nun vom Himmel leuchten. Sie sind Fürsprecher und Fürbitterinnen, Brüder und Schwestern im Glauben, lebendige Zeichen der Hoffnung auf die kommende Welt.

Zur Diskussion

Heiligkeit, Gottes Ruf an alle:

In einer chassidischen Geschichte erzählt Rabbi Susja: In der kommenden Welt wird man mich nicht fragen: Warum bist du nicht Mose gewesen? Man wird mich vielmehr fragen: Warum bist du nicht Susja gewesen? Man wird mich nicht fragen: Warum hast du nicht das Maß erreicht, das der größte und gewaltigste Glaubende unserer Religion gesetzt hat? Sondern man wird mich fragen: Warum hast du nicht das Maß erfüllt, das Gott dir ganz persönlich gesetzt hat? Warum bist du nicht das geworden, was du eigentlich hättest werden sollen?

Ein weiser Mann in China stand oft vor einem großen Fluss und betrachtete ihn. Warum tust du das, fragte man ihn. Lange schaute der Weise in das fließende Wasser, ehe er diese Antwort gab: Das Wasser lässt sich mit einem sehr, sehr guten Menschen vergleichen. Wohin es kommt, ist es freigebig und großzügig. Überall, wohin es kommt, schafft es Leben.

(nach Willi Hoffsümmer)

Vergebung der Sünden

Vollendete Gemeinschaft von Heiligen kann und wird es nur geben, wenn es etwas anderes nicht mehr gibt: die Sünde. Ihre Überwindung war das große Thema in der Verkündigung Jesu, der genau wusste, was sie anrichtet. Das Matthäusevangelium berichtet (vgl. Mt 9,1-8): Als Jesus einem Gelähmten die *Vergebung* der Sünden zuspricht, löst sich dessen grausame Behinderung. Jesus sieht zwischen Sünde und Krankheit einen fatalen Zusammenhang. Sünde fesselt, Vergebung beflügelt.

Den Abgrund der Sünde in seiner ganzen Brutalität zu sichten, ist wegen der Überfülle an Belegmaterial unmöglich. Aber es schadet nicht, sich ab und an einen Begriff davon zu machen.

Was Sünde ist

Sünde entsteht im menschlichen Herzen. Von dort tritt sie heraus, um sich lähmend über alles Leben zu ziehen. Auf Neid, Habsucht, Arroganz und Zügellosigkeit folgen die großen Katastrophen auf sozialem und politischem Gebiet: Ausbeutung, Krieg, Rassismus, Völkermord, rücksichtsloser Umgang mit Natur und Tier. Alles hängt mit allem irgendwie zusammen, wie eng, möchte man gar nicht so genau wissen.

Aber was ist Sünde? Es gibt verschiedene Zugänge: Im Alten Testament wird vor ihr als dunkle Bedrohung gewarnt, »die an der Tür als Dämon lauert« und es auf Kain, den Prototyp des Mörders, »abgesehen hat« (Gen 4,7). Für Jesus ist sie Herzensverhärtung und eingefleischte Hinneigung zum Bösen. Als erkaltete Liebe deutet sie Origenes, als Entfremdung von Gott Augustinus, als Verstoß gegen die gerechte Weltordnung Thomas von Aquin, als Misstrauen gegenüber Gott Martin Luther und als Missgestalt menschlicher Freiheit der Theologe Karl Rahner.

Sündhaftes Denken und Tun ist für das Christentum eine Folge der Sündhaftigkeit des Menschen an sich. Doch dieser Makel prägt nicht seine von Gott geschaffene Natur (sonst wäre der Schöpfer selbst für die Sünde verantwortlich), sondern ist im Lauf der

Geschichte zu einer Art »zweiten Natur« des Menschen geworden. Von der Erb*sünde* und von der Erb*schuld* ist die Rede.

Erb*sünde*: Es gibt eine tragische Komplizenschaft im Bösen. Die Sünder und Sünderinnen sind eine eingeschworene Gesellschaft. Niemand ist im Grunde seines Herzens unschuldig. Alle sündigen. Darum leiden auch alle an den Folgen der Sünde. Alle erben und vererben die Lähmung des Lebendigen als Erb*schuld*.

Man hat die kirchliche Lehre von der Erbsünde als einen »Menschheitsfluch« hinstellen wollen, als eine sublime Form der Menschenverachtung (Herbert Schnädelbach). Wer so denkt, unterschätzt ihren Realitätssinn, der durchaus entlastend wirken kann. Die Dinge sind, wie sie sind. Außerdem darf man nicht vergessen, dass von der Erbsünde nur im Blick auf die Erlösung, also ihre *Überwindung* die Rede ist. Das Übel wird erst beim Namen genannt, nachdem sich gezeigt hat, wodurch es besiegt wird. Es ist also kein Zufall, dass im Glaubensbekenntnis relativ spät das Thema Sünde auftaucht. Von Pessimismus und Menschenverachtung keine Spur; hier ist Weisheit und jahrtausendealte Lebenserfahrung am Werk.

Was Vergebung ist

Man kennt die Wohltat, die in der Vergebung liegt, aus dem zwischenmenschlichen Bereich: Ich habe jemanden verletzt, sehe das ein, gestehe es ein und bitte die betreffende Person um Entschuldigung. Es kommt zur Aussprache, die Bitte wird gewährt, die Beklemmung weicht. Erleichterung auf beiden Seiten.

Das Glaubensbekenntnis erinnert an die Ur-Botschaft des Christentums, dass Gott »durch den Sohn« und in der »Kraft des Heiligen Geistes« Vergebung schenkt. Vorausgesetzt ist die Ankündigung der Gottesherrschaft, die mit Jesus begonnen hat und sich im Heiligen Geist ausbreitet – bis zu dem Tag, an dem sie sich endgültig und für alle erfahrbar durchsetzt. Bis dahin bedarf es immer wieder der Vergebungsbitte und der Vergebungsbereitschaft. Kirchliches Leben ist wesentlich davon geprägt, auf Vergebung zu hoffen und Vergebung zu vermitteln.

Dass *Gott* unaufhörlich und zuallererst vergibt, zeigt sich bei verschiedenen Gelegenheiten: Die Eucharistiefeier beginnt mit einem Schuldbekenntnis, dem sich eine Vergebungsbitte anschließt. In der römisch-katholischen und orthodoxen Kirche wird ein eigenes Bußsakrament gefeiert, das zu konkreten Schritten ermuntert: Einsicht in das begangene Unrecht, Reue, Bekenntnis (am klarsten im Rahmen der sogenannten »Ohrenbeichte«), Lossprechung, Wiedergutmachung. Ein besonderer Akzent liegt auf der Lossprechung, der *Absolution*. Denn Vergebung muss *zugesagt* werden. Es wäre absurd, sich einreden zu müssen: »Mir ist vergeben«. Niemand käme auf die Idee, so mit unabweisbarer Schuld umzugehen. Kann es vor Gott anders sein?

Die Kirche kennt weitere Aktivitäten mit sündenvergebender Wirkung: gläubige Lektüre in der Heiligen Schrift; Friedensbemühungen; Almosen; Nächstenliebe durch Wort und Tat; das geschwisterliche Gespräch unter vier Augen oder im kleinen Kreis mit dem Ziel, eine leidige Angelegenheit aus der Welt zu schaffen; die Bereitschaft, selbst zu vergeben, wenn man Böses erfahren hat, und zwar, nach Jesu Überzeugung, »siebenundsiebzig Mal« (Mt 18,21-22), das heißt: immer wieder.

Das Grundsakrament der Sündenvergebung ist freilich die *Taufe*. Schon die äußeren Zeichen sprechen für sich: reinigendes Wasser, die brennende Kerze als Zeichen der Erleuchtung, ein weißes Kleid. Die Taufe verbindet mit Christus, gliedert in das messianische Gottesvolk ein und befreit von Erbsünde und Erbschuld. Sie macht, bildlich gesprochen, den Weg zum Paradies frei, der ohne Umkehr ein Holzweg wäre.

Kann *jede* Sünde vergeben werden? Die Antwort lautet Ja – sofern dies erhofft wird! Denn Erlösung bedeutet immer auch Erlösung von der Unvergebbarkeit der Schuld. Menschen können und müssen einander verzeihen; doch nur Gott verändert die Herzen. Er schafft sie neu.

Und das unsagbare Verbrechen, immer wieder und mit schrecklichen Konsequenzen verübt? Um einen Ausgleich kann es nicht gehen; Vergeltung wäre fatal. Hier stößt die rechnerische Vernunft an harte Grenzen. Aber die Hoffnung sieht mehr.

Unvergebbar ist allerdings, nach dem Neuen Testament, die »Sünde wider den Heiligen Geist« (vgl. Mt 12,31f). Was ist gemeint? Gegenfrage: Wie soll Gottes Geist heilend wirken, wenn ihm misstraut wird? Hilft der ärztliche Rat einem Kranken, der überzeugt ist, man wolle ihm an den Kragen? Gegen »den Geist« sündigt, wer hartnäckig Gottes Gott-Sein und die von ihm ausgehende Liebe leugnet.

Zur Diskussion

Sündenfrei ist auch der profane Alltag nicht …

Es gibt Verkehrssünder, polizeiliche Sündenregister, Bau- und Umweltsünden. Die Bevölkerung ist hier zum Teil hoch sensibilisiert.

Wie steht es mit dem Sündenbewusstsein vor Gott? Die Selbstgerechtigkeit der Ich-verwöhnten Konsumbürger ist wohl sein Erzfeind.

Ich glaube an …

die Auferstehung der Toten und das ewige Leben

Lieber ausgelöscht als genervt

Mit gewagten Ausblicken in die Zukunft endet das Apostolische Glaubensbekenntnis. Doch nicht alle werden daran ihre Freude haben: Lohnt es sich, für immer zu leben, bei all dem Ballast und dem Ärger von früher? Ist eine Neuauflage der Vergangenheit erstrebenswert? Wozu, in welchem Umfeld, in welcher Gestalt? Aus philosophischer und theologischer Sicht steht das Problem zur Debatte, ob die Auferweckung der Toten denkbar sei, wenn absolut nichts mehr vom individuellen Zellenbestand eines Menschen übrig ist. Und man zerbricht sich den Kopf darüber, ob eine von den Toten auferweckte Persönlichkeit mit sich selbst identisch sein könne. Aber diese Sorge treibt in der Bevölkerung die Wenigsten um, eher wird unterstellt: Mit dem Tod ist alles aus. Der einzige Sinn des Lebens ist – eben das Leben. Nichts sonst. Und dann das heroische Argument: Wer stark ist, findet sich ab. Es kommt nichts mehr. Schluss. Aus.

Leben, nichts als Leben

Obwohl im Glaubensbekenntnis mehrmals vom Tod die Rede ist, bleibt es vom Thema »Leben« durchherrscht: Schöpfung der Welt – Leben für Kosmos und Natur. Geburt Jesu Christi – Leben für die Menschheit. Auferweckung des Gekreuzigten – Leben für die Opfer von Hass und Gewalt. Und nun die Auferstehung *aller* Toten und *ewiges* Leben! Woher kommt dieser Optimismus? Er hat mit dem lebendigen Gott selbst zu tun und der Faszination, die von ihm ausgeht. Aber das Leben fasziniert in seiner Raffinesse und Vielfalt ohnehin; hätten wir sonst Hunger danach? Am meisten hungern die nach dem Leben, die an ihm verzweifeln.

Auferweckung *aller* Toten: Hier strahlt die durch Ostern begründete Hoffnung auf, dass kein Geschöpf, schon gar keines, das Geist und Herz hat, je verloren geht. In Kreisen Israels wurde die Auferweckung »allen Fleisches« ersehnt, und man hat dabei nicht an ein Jenseits, sondern an die *Zukunft* gedacht. Was geworden ist, wird bleiben, überlegt der zeitgenössische Philosoph Robert Spaemann, und wenn auch die Gestalt dieser Welt vergeht, so bleibt doch die Tatsache, dass *jetzt* etwas ist – was später einmal *gewesen sein wird* und deshalb nicht verloren gehen kann.

Freilich, die »Auferstehung der Toten« folgt nicht aus der philosophischen Gedankenschärfe. Das Glaubensbekenntnis hält sich schlicht und einfach an die Geschichte Jesu von Nazaret und schließt von *seiner* Erweckung zur Neugeburt in Gott auf die Erweckung *aller Menschen* zur Neugeburt in Gott. Dabei war in den urchristlichen Credo-Texten ausdrücklich von der Auferstehung »des Fleisches« die Rede.

Der Begriff »Fleisch« bezeichnet nach biblischer Sprechart den Menschen an sich, aber auch die Menschheit insgesamt. Ähnlich lässt sich beispielsweise sehr allgemein von »der Musik« reden. Dann wird mit einem einzigen Wort zum Ausdruck gebracht, dass es Töne und Noten, Instrumente und Kompositionen, Kopfhörer und CDs gibt.

»Alles Fleisch« – dazu gehört in jedem Fall der Mitmensch neben oder weit weg von mir, von dessen Freud und Leid ich meist nur theoretisch weiß. »Werde ich meine Lieben nach dem Tod wiedersehen?« soll jemand einen berühmten Theologen halb skeptisch, halb erwartungsvoll gefragt haben. Die Antwort: »Ja. Aber nicht *nur* die Lieben«. Das ist es: Auferstehung des *Fleisches*. Zukunft für alle.

Auferstehung des Fleisches, das heißt freilich auch, dass in der kommenden Welt jeder Mensch sein wird, wer er ist und wer er war – im Geflecht seiner Beziehungen und seiner persönlichen Lebensgeschichte.

Damit ich überhaupt in Erscheinung treten kann, bin ich *Leib*: Ich habe ein bestimmtes Aussehen, eine charakteristische Ausstrahlung, typische Gesten. Mit der Zeit graben sich Lach- und Sorgenfalten in mein Gesicht. Das Interessante dabei: »Fleisch« – nunmehr biologisch verstanden: Haut und Knochen, Sehnen, Nervenbahnen, Haare, Fingernägel –, mein *Körper* also, wirkt mit »Seele« zusammen. *Seele*. Das sind meine Emotionen, die Fähigkeit zu empfinden, mich zu freuen, mich wohl zu fühlen, der Drang zu lieben; auch die Aggression steigt in der Seele auf, ebenso wie Niedergeschlagenheit oder Hass.

Und dann bin ich natürlich auch *Geist*, das heißt ich kann – und muss – *denken*. Ohne den Verstand wäre die Menschheit nicht das, was sie ausmacht. Früher herrschte die Meinung vor, kraft seiner Intelligenz stünde der Mensch weit über den Tieren. Heute weiß man, wie viel an Intelligenz gerade in den Tieren steckt; sie mag anders gelagert sein, ist aber kaum weniger erstaunlich. Aber darum geht es jetzt nicht; vielmehr sei auf das unglaubliche Wunder verwiesen, dass durch die Wechselwirkung verschiedener Komponenten der Mensch zum selbstbewussten, je einmaligen Individuum wird. Er ist *Persönlichkeit*.

Hier setzt das Glaubensbekenntnis an: Die Auferstehung der Toten verspricht, dass jeder Mensch *als Persönlichkeit* in Gott eingehen wird.

Mag sein, dass vielen die Vorstellung, es lebe *nur* der Geist weiter, sympathischer und plausibler erscheint. Das war schon in der Antike so. Und es gibt philosophisch gesehen durchaus Motive für die Annahme, dass sich der Geist mehr als einmal eine körperliche Wohnstatt sucht. Doch diesen Ideen fehlt die Kühnheit des christlichen Glaubens: Des Menschen *einmalige Persönlichkeit* wird leben!

Der Geist allein macht mich als Menschen nicht aus, das liegt auf der Hand. Ebenso wenig kann ich auf meine Triebe und Emotionen reduziert werden. Und gänzlich unmöglich ist es zu sagen, ich sei *nur* Körper, nur Fleisch, nur Sehnen, nur Knochen, nur Haut und Haar. Nein. Der Mensch ist Mensch in der Einheit von Körper, Seele und Geist.

Seelenwanderung? Dann wäre meine Persönlichkeit auf einen unanschaulichen Geisteskern beschränkt, der »Fleisch« und »Seele« nicht braucht, sich ihrer aber je neu bedient. Die Frage wird unausweichlich: *Wer* bedient sich? *Wer* wandert durch Körper und Existenzen? Und wer ist oder wer war mein Gegenüber? Ich und Du – es gäbe nur Biografien im Übergang, nur Scheinexistenzen, die sich für den Augenblick in einem bestimmten Aggregatzustand befinden und sich so auch begegnen. Aber weder die Persönlichkeiten selbst noch das Unverwechselbare ihrer Lebenswelt wären von Dauer; es gäbe sie in Wirklichkeit gar nicht. Kann man dann noch von *Liebe* sprechen?

Weil das Christentum Gott als *reine* Liebe preist und ihn als reine Liebe verkündet, bezeugt sein Glaubensbekenntnis die Auferstehung der Toten und – nicht ohne Grund, wie sich gezeigt hat – die Auferstehung des *Fleisches*. Damit bin »Ich« gemeint. *Ich* lebe, weil ich geliebt habe und geliebt wurde und geliebt bin. »Ich weiß, dass mein Erlöser lebt«, heißt es in einer Kantate von Georg Philipp Telemann. *Ich – weiß*.

Zur Diskussion

Die einen vertrösten auf ein Jenseits und enttäuschen, indem sie die Gegenwart für hoffnungslos unveränderlich erklären.

Die anderen geben vor, den Himmel mit eigenen Kräften realisieren zu können und enttäuschen, indem sie die Gegenwart unmenschlich ruinieren (Jürgen Moltmann).

Allein der Mensch der Zuversicht erfährt als Hörer der Verheißung schon den Vorgeschmack der neuen Welt. Er breitet ihn auch aus (Hans Walter Wolff).

Auferstehung der Toten – wahrscheinlich?

Gibt es Argumente dafür, dass die Auferstehung der Toten tatsächlich kommen wird? Nichts in der Natur und auch nichts im Denken weist auf diese Möglichkeit hin. Einen kosmischen Mechanismus zur Wiederbelebung der Toten anzunehmen, ist absurd. Denn die Rede von der Auferweckung der Toten steht und fällt mit dem Glauben an den allmächtigen Vatergott, der den Menschen Jesus von Nazaret »*als Ersten der Entschlafenen*« (1 Kor 15,20) von den Toten auferweckt hat. Das Vertrauen, *mit* Jesus und *wie* er dem tödlichen Abgrund entrissen zu sein, ist die Nagelprobe für den Glauben an Gott.

Ein Geschöpf kann nur dann vom Tod ins Leben kommen, wenn »ein Anderer« an ihm handelt. Von sich aus bleibt es ohnmächtig. Darum meint die *Auferstehung* der Toten immer deren *Auferweckung*. So gesehen aber deutet sehr vieles auf die zentrale christliche Hoffnung hin. Denn alles Entscheidende im Leben ist ein Geschenk. Das Schöne und Große geschieht einfach. Niemand kann es erzwingen und niemand kann erklären, warum es geschieht.

Hat sich je ein Mensch selbst ins Leben gerufen? Wer hat die Liebe erfunden und könnte Patentrechte auf sie anmelden? Und doch leben wir, und doch lieben wir und sind auf festen Grund gestellt. Es *hat* also bereits jemand an uns gehandelt …

Und er wird es wieder tun. Immer wieder. Zu guter Letzt im Tod. Aber wie und wann?

Die katholische Kirche lehrt, dass das *Ich* eines Menschen unzerstörbar bleibt. Auch in diesem Zusammenhang wird seit vielen Jahrhunderten das Wort »Seele« bemüht. Gemeint ist allerdings nicht die emotionale Dimension der individuellen Persönlichkeit, wie sie vorhin zur Sprache kam, sondern der bleibende Gottesbezug des Menschen. »Seele«, das heißt: Gott hat dich beim Namen gerufen. Du bist persönlich gewollt. Du bist bejaht. Du bist darauf angelegt, in der unaussprechlichen göttlichen Liebe zusammen mit »allem Fleisch« das ewige Glück zu finden.

Dass es dabei um den *ganzen* Menschen geht, dürfte inzwischen klar geworden sein. Doch der Tod zerstört diese Ganzheit. Darum wurde im Volksmund gern von den »Armen Seelen« gesprochen. Verdunkelt diese Redeweise den biblischen Auferstehungsglauben?

Wenn der Tod bedeutet, als »arme Seele« lernen zu dürfen, wie notwendig es im Leben gewesen wäre, mehr zu glauben, mehr zu lieben und mehr zu hoffen, dann bedeutet die »Auferstehung der Toten«, dass der Glaube bestätigt, die Liebe geläutert und die Hoffnung erfüllt ist. Und wenn der Tod bedeutet, als »arme Seele« zu spüren, wie notwendig wir unsere Lieben, aber auch alle anderen Menschen gebraucht haben oder gebraucht hätten, dann bedeutet die »Auferstehung der Toten«, dass sie uns wieder geschenkt sind und wir sie nie mehr entbehren müssen.

Jedenfalls weiß der Credo-Text die Auferstehung der Toten mit dem Ende der Zeit verbunden. Sie wird kommen, wenn die neue, endgültige Welt entsteht, dann, wenn sich das Gottesreich, das Jesus verkündet und vorgelebt hat, endgültig durchsetzt. Den Tod wird es dann nicht mehr geben. Auch keine »armen Seelen«. Sondern nur noch das volle Leben für alle ...

Zur Diskussion

Nicht mutig

Die Mutigen wissen
Dass sie nicht auferstehen
Dass kein Fleisch um sie wächst
Am jüngsten Morgen
Dass sie nichts mehr erinnern
Niemandem wiederbegegnen
Dass nichts ihrer wartet
Keine Seligkeit
Keine Folter
Ich
Bin nicht mutig

Marie Luise Kaschnitz

Ich glaube an
die Auferstehung
der Toten und
das ewige Leben

Ewiges Leben

Was »ewiges« Leben ist oder sein könnte, ließe sich nur dann annähernd sagen, wenn klar wäre, wie das Ewige mit der Zeit zusammenhängt. Und was macht »Leben« eigentlich aus? Hier öffnet sich ein weites Feld, und die Vorstellungen und Wünsche gehen auseinander. Am besten, man tastet sich probeweise und mit gebührender Genügsamkeit an den wohl krönenden Gedanken des Credo-Textes heran.

Zeit vergeht

Zunächst die *Zeit*, die irdische Zeit. Dass sie mit Bewegung und Veränderung zusammenspielt, hat schon Aristoteles beschrieben: Wer unterwegs ist, legt eine Strecke zurück, für die eine bestimmte Anzahl von Stunden, Minuten oder Sekunden nötig ist. Wir erwandern buchstäblich unsere Tage. Die Drift der Zeit drängt unaufhörlich vorwärts und reißt uns mit. *Ewiges Leben* liegt also in der Zukunft. Es *ist* Zukunft. Wer möchte keine Zukunft haben?

Zeit erzieht

Dass und wie der menschliche *Geist* auf die Zeit Einfluss nimmt, hat der Kirchenvater Augustinus untersucht. Wir können, sagt er, die Zeit an uns vorüberziehen lassen. Dabei wird die Vergangenheit erinnert, die Gegenwart erfüllt und die Zukunft – bis zu einem bestimmten Grad – vorweggenommen. In diesem Sinn ist die Zeit gewissermaßen »meine« Zeit. Sie formt meine Lebensgeschichte und mein Selbstbewusstsein. *Ewiges Leben* ist so gesehen der Inbegriff persönlicher Souveränität: Ich und »meine Zeit« sind identisch. Ich bin, was ich von mir *weiß*.

Man kann sich auch von physikalischen oder psychologischen Vorstellungen lösen und sagen: Was am »Ende« »gültig« sein wird, heißt Ewigkeit. Endgültig sind aber schon Entscheidungen, die ein Mensch in seinen irdischen Tagen trifft. Denn wer bewusst und frei über sich bestimmt, übersteigt den Zeitenlauf. Bleibendes wird geboren.

Der Alltag führt immer wieder in Situationen hinein, die zeigen, wes Geistes Kind jemand ist: Sage ich Ja wider besseres Wissen? Schweige ich, anstatt die Stimme zu erheben? Verstelle ich mich, bleibe ich gleichgültig, lasse ich mich verbiegen? Die Entscheidung wird unausweichlich. Je deutlicher sie ausfällt, desto größere Geltung hat sie im Blick auf das Kommende. Je mehr Liebe sie freisetzt, umso beständiger wird sie sein.

Ewiges Leben, so lässt sich nun sagen, ist das Ergebnis meines persönlichen Weges zur Vollkommenheit. Der »Mensch« tritt zum Vorschein, so wie Gott ihn ursprünglich gedacht hat: ohne Fehl und Tadel, unschuldig und rein, heilig wie er selbst, dabei im höchsten Grad frei, mit ungetrübter Intelligenz, nie endender Kreativität und in heiterer Kommunikationskraft. Ich bin dann ganz »Ich selbst«, aber zugleich verwoben und geborgen in einer wunderbaren Gemeinschaft, die niemanden ausschließt und niemanden gängelt.

Eine solche Gemeinschaft trägt allen Grund in sich, für immer zu bleiben.

Aber nichts Statisches, nichts Langweiliges wird das Glück in der himmlischen Gemeinschaft sein, denn ihr Mittelpunkt ist *Gott*. Nie wird das Geschöpf den Unsagbaren ergründen, nie wird es satt werden an ihm. »Damit wir Gott suchen«, hat der Heilige Augustinus formuliert, »ist er verborgen. Doch damit wir weiter nach ihm Ausschau halten, auch wenn wir ihn schon gefunden haben, ist er unermesslich«. Und derselbe Heilige hat überlegt, wie es sein wird, wenn Gott – der Vater, der Sohn, der Heilige Geist – buchstäblich »genossen« wird:

Das ewige Leben
… ist unser Sabbat, dessen Ende nicht ein Abend sein wird, sondern als der ewige achte Tag der Tag des Herrn. Er ist durch Christi Auferstehung geheiligt worden und verheißt das Ruhen nicht nur des Geistes, sondern auch des Leibes. Da werden wir feiern und schauen, schauen und lieben, lieben und preisen. Ja wahrhaftig, so wird es sein am endlosen Ende. Denn genau das ist unser letztes Ziel, zu einem Reich zu gelangen, in dem es ein letztes Mal nicht mehr gibt.

Amen. Amen.

Warum Christsein klug ist

Das Buch in Form von Thesen

Ich glaube an Gott, den Vater, den Allmächtigen, den Schöpfer des Himmels und der Erde

- Der Glaube lebt von einer Mitteilung höheren Wissens und ist, unabhängig von Gefühlen, auf ein personales Gegenüber – den ewigen Gott – bezogen.

- Zum Glauben gehört gelassenes Vertrauen. Das Credo des Christentums will Mut machen: Habt dieses Vertrauen!

- Gott lässt sich nicht beweisen – wenn dem so wäre, müsste der menschliche Verstand größer sein als Gott.

- Alles Entscheidende im Leben ist *gegeben*, ist Geschenk: das Dasein, das Denken, die Liebe. Das Gegebene hat einen *Geber*: den Schöpfergott.

- Gott »Vater« zu nennen ist eine Metapher aus dem Munde Jesu, die zum Ausdruck bringt, dass der Ursprung allen Seins Beziehung und bedingungslose Ansprechbarkeit schenkt.

- Wer sich an Jesus hält, wird nicht an ihm vorbei über Gott reden können. Es ist aber in seinem Sinn, Gott auch mit weiblichen oder mütterlichen Zügen zu *vergleichen*.

- Gottes Art und Weise, (all)mächtig zu sein, bleibt revolutionär: Sie äußert sich als Liebe, die stärker ist als Unrecht und Tod.

- Gott hat alles aus dem Nichts erschaffen. Die Welt ist daher weder ein Teilstück von ihm noch ein gleichwertiges Gegenüber – dennoch hat sie Eigenstand vor Gott.

- Evolution und Schöpfung sind kein Gegensatz; Schöpfung *vollzieht* sich durch Evolution. Natur und Mensch sind als eine Art »Mit-Schöpfer« in den Evolutionsprozess einbezogen.

Ich glaube an Jesus Christus,
Gottes eingeborenen Sohn, unsern Herrn

- Der Zuname »Christus« (Gesalbter; entspricht dem hebräischen »Messias«) drückt Verehrung aus und ist die Folge eines unabweisbaren Eindrucks, den Jesus von Nazareth hinterlassen haben muss.

- Jesus hat auf Menschen, die ihn aus der Nähe kannten, gewirkt wie jemand, der Gott *sieht*, Gott *hört* und Gott *lebt*; er ist von daher »der Sohn«.

- Jesu Sohnes-Verhältnis zu Gott besteht unabhängig von Zeit und Welt.

- Das Neue Testament spricht nie von zwei oder gar drei Göttern! Es hat ausschließlich den *einen* Gott Israels vor Augen – doch von ihm ist nicht anders die Rede als im Blick auf Jesus und seinen Geist.

Ich glaube an Jesus Christus …
empfangen durch den Heiligen Geist,
geboren von der Jungfrau Maria

- In der Empfängnis Jesu durch den Gottesgeist und der Geburt von der Jungfrau Maria zeigt sich die erlösende *Sündenlosigkeit* des Gottessohnes.

- Mit Jesus wird der ursprüngliche und zugleich neue Mensch sichtbar; denn Gott will den Menschen, dem er Erlösung schenkt, ohne Fehl und Tadel.

Ich glaube an Jesus Christus …
der gelitten hat unter Pontius Pilatus,
gekreuzigt wurde und gestorben ist

· Warum hat man Jesus hingerichtet? Politisch gesehen wurde er als Aufrührer diffamiert; religiös gesehen – und hier lag der eigentliche Konflikt – hat sein ganzes Auftreten Widerstand erzeugt, besonders sein Umgang mit dem mosaischen Gesetz und seine Kritik am Jerusalemer Tempelbetrieb.

· Der Name des römischen Statthalters Pontius Pilatus verbürgt die historische Datierbarkeit Jesu, der in dieser Welt zu einer bestimmten Zeit an einem bestimmten Ort lebte.

· Gott wollte das Kreuz Jesu *nicht* – er will vielmehr die Überwindung des Kreuzes durch Vergebung und Umkehr. Es ist der Mensch, der den Menschen verschlingt.

· Jesu Tod war die innere Konsequenz seiner Liebe und Geradlinigkeit.

Ich glaube an Jesus Christus ... begraben, hinabgestiegen in das Reich des Todes, auferstanden am dritten Tag, aufgefahren in den Himmel

- Jesu Weg führte nicht am Tod vorbei: Er starb wirklich – wie jeder Mensch. Doch dadurch wurde auch aus dem *Toten*reich *Gottes*reich.

- Die Rede von der »Hölle« unterstreicht die Reichweite der freien menschlichen Entscheidung und die Geltung der göttlichen Gerechtigkeit; sie verhindert, dass böses Tun bagatellisiert wird.

- Unter den Bedingungen des Daseins hier und jetzt ist das Leben Gestorbener undenkbar. Mit der Auferweckung Jesu kehren sich die Verhältnisse um: Im vollendeten Reich Gottes ist der Tod undenkbar.

- Das leere Grab Jesu kann ein Zeichen sein für die Auferstehung »des Fleisches«, das heißt für die Auferstehung *aller* Menschen und des *ganzen* Menschen.

- Auch die Frauen und Männer, die Ostern bezeugten, mussten *glauben*; denn nur wer glaubt, kann Gottes Handeln »sehen«.

- Jesu Erhöhung, seine »Himmelfahrt«, macht deutlich: Die Art und Weise, mit ihm in Verbindung zu stehen, hat sich verändert, ist aber nicht weniger innig.

Ich glaube an Jesus Christus ...
er sitzt zur Rechten des Vaters; von dort wird er kommen zu richten die Lebenden und die Toten

- Die Facetten der Persönlichkeit Jesu zeigen den besitzlosen Wanderprediger aus der galiläischen Provinz, aber auch die Herrschergestalt im himmlischen Thronsaal.

- Durch die Erhöhung des Gekreuzigten zum Vater werden all jene Werte »auf den Thron« gehoben, die der irdische Jesus vorgelebt hat.

- »Weltgericht« bedeutet: Soweit der Mensch über sein Leben frei bestimmt, wird er zur Rechenschaft gezogen. Gott ist Gnade und Gerechtigkeit in einem.

- Am »Tag des Herrn« – dem Gericht am Ende der Zeit – wird sich zeigen, wie sehr wir hätten lieben *können* und wie wenig wir tatsächlich geliebt *haben*.

- Das letzte Wort über die Welt und die Geschichte hat nicht ein Mensch, sondern Gott. Er hat durch seinen Sohn die Welt nicht verurteilt, sondern geheiligt und gesegnet.

Ich glaube an den Heiligen Geist, die heilige katholische Kirche

- Der *Heilige* Geist ist eine schöpferische Kraft, die den *geschaffenen* Geist inspiriert und ihm Gottes Zuwendung vermittelt.

- Der Heilige Geist schenkt Gottes überfließende Liebe. Er geht vom erhöhten Jesus aus, ist aber nicht mit ihm identisch.

- »Geist« war bereits spür- und erfahrbar, als Jesus öffentlich auftrat.

- Wo immer Wahres und Heiliges gedacht, gesagt und getan wird, ist Gottes Geist am Werk. Diese Überzeugung drängt Christinnen und Christen zum Dialog – gerade auch mit anderen Religionen.

- Die Kirche ist – als Gottesvolk – Zeichen dafür, wie das Leben von Menschen aussehen könnte, wenn die Freude an Gott und aufrichtiges Interesse aneinander höchste Werte sind, nicht Konsum, Profit oder Machtgier.

- Kirche kann nur in Verbindung zum Judentum Gottesvolk sein.

- Obwohl die Kirche aus höchst fehlbaren Menschen besteht, bleibt sie *heilig*, denn: Der heilige Gott, der Vater, die Treue Jesu, des Sohnes, und die Gaben des Heiligen Geistes durchwirken und tragen sie.

- Die Kirche ist »katholisch«, deshalb (all)umfassend und grenzübergreifend: Sie ist eine Sammelbewegung, die die ganze Menschheit im Blick hat.

Ich glaube … an die Gemeinschaft der Heiligen und die Vergebung der Sünden

- Glaube und Taufe lassen Kirche entstehen und bewirken Heiligung.

- Wer von der kirchlichen Autorität feierlich *heilig gesprochen* wurde, ist Vorbild für die Gläubigen und Adressat öffentlicher Verehrung. Damit wird sichtbar, was aus Menschen werden kann, die sich vorbehaltlos für Gott öffnen.

- Sünde entsteht im menschlichen Herzen. Sie äußert sich durch Verblendung, Misstrauen gegenüber Gott, Freude am Bösen, Entfremdung von der Wahrheit und den Missbrauch gottgeschenkter Freiheit.

- Kirchliches Leben ist wesentlich davon geprägt, auf Vergebung zu hoffen und Vergebung zu vermitteln. Vergebung muss dem Menschen *zugesagt* werden.

- Gott war und Gott ist es, der zuerst und unaufhörlich vergibt.

Ich glaube … an die Auferstehung der Toten und das ewige Leben

· Auferstehung zielt auf den *ganzen* Menschen in der Einheit von Körper, Geist und Seele. Die Auferweckten werden je als unverwechselbare Persönlichkeit in Gott eingehen.

· Die kommende Welt steht *allen* Menschen offen. Einheit und Vielfalt werden ineinandergreifen.

· Das endliche Geschöpf kann nur dann vom Tod ins Leben kommen, wenn »ein Anderer« – nämlich Gott – an ihm handelt.

· Ewiges Leben ist die Krönung des persönlichen Weges durch die Zeit. Die Welt wird in Gott aufblühen, die Erlösten werden mit sich selbst und allen Kreaturen versöhnt sein.

· Das ewige Leben bleibt für jetzt unvorstellbar; es spottet jeder Beschreibung.

Verwendete Literatur

Zitate wurden nur namentlich gekennzeichnet und manchmal geringfügig abgewandelt. Soweit sie nicht Allgemeingut sind, stammen sie aus den folgenden Werken:

Basilius der Große, Über den Heiligen Geist.
Augustinus, Bekenntnisse. – Gottesstaat. – Predigten zum Johannesevangelium.
Thomas von Aquin, Summe der Theologie – Über die Wahrheit.
Johann Wolfgang v. Goethe, Dichtung und Wahrheit.

Daly, Mary, Jenseits von Gottvater, Sohn & Co. Aufbruch zu einer Philosophie der Frauenbewegung, München [4]1986.
Ebner, Martin, Das Markusevangelium. Neu übersetzt und kommentiert, Stuttgart 2008.
Geier, Manfred, Aufklärung. Das europäische Projekt, Reinbek 2012.
Greshake, Gisbert, Gnade, in: Schütz, Christian (Hg.), Praktisches Lexikon der Spiritualität, Freiburg-Basel-Wien 1992, 532-536.
Grünwald, Michael, Volk Gottes und Feier der Eucharistie. Eine geistliche Anleitung für Christen, Regensburg 1991.
Hoffsümmer, Willi, Kurzgeschichten 1. 255 Kurzgeschichten für Gottesdienst, Schule und Gruppe, Mainz [8]1986.
Hoppe, Rudolf, Historische Rückfrage und deutende Erinnerung an Jesus. Zum Jesusbuch von Joseph Ratzinger/Benedikt XVI., in: Söding, Thomas (Hg.), Das Jesus-Buch des Papstes. Die Antwort der Neutestamentler, Freiburg-Basel-Wien 2007, 54–65.
Kaschnitz, Marie Luise, Ein Lesebuch. 1964–1974. Herausgegeben und mit einem Nachwort von Heinrich Vormweg, Frankfurt a. M. [2]1976.
Lang, Bernhard, Himmel und Hölle. Jenseitsglaube von der Antike bis heute, München 2003.
Lohfink, Gerhard, Jesus von Nazaret. Was er wollte. Wer er war, Freiburg-Basel-Wien 2011.
Mello, Anthony de, Wo das Glück zu finden ist. Jahreslesebuch, Freiburg-Basel-Wien 1994.

Moltmann, Jürgen, Mensch. Christliche Anthropologie in den Konflikten der Gegenwart, Gütersloh [3]2007.

Müller, Gerhard Ludwig, Katholische Dogmatik. Für Studium und Praxis, Freiburg-Basel-Wien [4]2012.

Schnädelbach, Herbert, Der Fluch des Christentums, in: Die Zeit 11. Mai 2000.

Spaemann, Robert, Über Gott und die Welt. Eine Autobiographie in Gesprächen, Stuttgart 2012.

Trunz, Erich, Ein Tag aus Goethes Leben, München 2006.

Vorgrimler, Herbert, Gericht, in: Schütz, Christian (Hg.), Praktisches Lexikon der Spiritualität, Freiburg-Basel-Wien 1992, 502–504.

Weidner, Johann, Glaubiger Kinder Gottes Kreutz-Schule Oder: Vierzig Betrachtungen/Sinnbilder/Gebet/Psalmen und Lieder über das Leiden und Sterben Jesu Christi, Augsburg [5]1756.

Wolff, Hans Walter, Anthropologie des Alten Testaments. Mit zwei Anhängen neu herausgegeben von Bernd Janowski, Gütersloh 2010.

Abbildungsnachweis

© Diözesanmuseum Freising

S. 4: »… *and the Holy Child II*«, Johannes Ernst Ludwig Molzahn. Öl auf Leinwand, 1957.

S. 6: *Altarflügel mit einer Darstellung der Hll. Hieronymus und Augustinus*, Meister von Großgmain (zugeschrieben). Öl auf Holz, Ende 15. Jahrhundert.

S. 8: *Thronender Gottvater in Engelsglorie*, Pieter de Witte. Öl auf Holz, 1620.

S. 30: *Thronender Jesus Christus in Mandorla*, unbekannter Künstler. Öl auf Leinwand, Ende 19. Jahrhundert.

S. 38: *Sog. Freisinger Hodegetria*. Elfenbeinschnitzerei, Byzanz, um 1000.

S. 46: *Kreuzigung Jesu Christi* (»*Brixener Kreuzigung*«), Jakob von Seckau (zugeschrieben). Öl auf Holz, um 1450.

S. 58: *Anastasis*. Öl auf Holz, Russland, 18. Jahrhundert.

S. 74: *Jüngstes Gericht (Fragment)*, Gabriel Angler. Öl auf Holz, 1440–1450.

S. 84: *Die Aussendung des Hl. Geistes*, Roland Friederichsen. Bronzeplastik, 1984.

S. 102: *Martyrium des hl. Laurentius*, Johann Christian Thomas Winck. Öl auf Leinwand, um 1770.

S. 112: »638/72«, Rupprecht Geiger. Acryl auf Leinwand, 1972.

Bibliografische Information der Deutschen Nationalbibliothek:
Die Deutsche Nationalbibliothek verzeichnet diese Publikation in der Deutschen Nationalbibliografie; detaillierte bibliografische Daten sind im Internet über http://dnb.dnb.de abrufbar.

1. Auflage 2016

Umschlag und Satz: typegerecht, Berlin
Druck: www.schreckhase.de
ISBN 978-3-7954-3210-2

Weitere Informationen zum Verlagsprogramm erhalten Sie unter:
www.schnell-und-steiner.de